W0070317

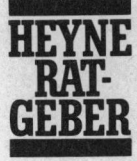

In der Serie
HEYNE-ANTIQUITÄTSBÜCHER
sind außerdem erschienen:

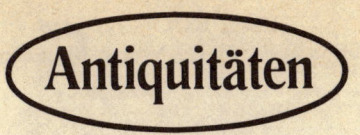

Antiquitäten

ROBERT BLOCH

Antike Kleinkunst

Mit über 170 Zeichnungen und Fotos

———

Originalausgabe

WILHELM HEYNE VERLAG

MÜNCHEN

HEYNE-BUCH Nr. 4516
im Wilhelm Heyne Verlag, München

Copyright © 1976 by Wilhelm Heyne Verlag, München
Printed in Germany 1976
Zeichnungen: Dr. Robert Bloch, München
Fotos: Josef Hödl
Umschlagfoto: Dieter Hinrichs, München
Umschlaggestaltung: Atelier Heinrichs, München
Satz: Schaber, Wels/Österreich
Druck und Bindung: Ebner, Ulm

ISBN 3-453-41192-7

Inhalt

Was ist antike Kleinkunst?

Immer wieder, trotz allen Übels, erliegt der Mensch dem Zauber der Welt. Er hängt am Leben, weil er an der Welt hängt. An ihren Erscheinungen und an der Mannigfaltigkeit ihrer natürlichen Formen. Und nicht zuletzt an den Werken der Kunst, die er zu allen Zeiten selber geschaffen hat. In diesem Buch soll die Rede von Kunstobjekten sein, die vor sehr langer Zeit geschaffen wurden und aus einer anderen Welt zu kommen scheinen. Denn der Mensch war längst Künstler, ehe er noch wußte, daß er es war.

Ein Buch ist ein Zwiegespräch zwischen dem Verfasser und seinem Leser. Dies setzt voraus, daß beide sich darüber einig sind, was mit dem Gegenstand, der zur Diskussion steht, gemeint ist. Der Titel dieses Taschenbuchs »Antike Kleinkunst« besteht aus drei Elementen: »Antike«, »klein« und »Kunst«. Wir alle glauben zu wissen, was wir meinen, wenn wir »klein« sagen. Über »Kunst« und »Antike« sind wir nicht so sicher. So haften dem Begriff »Antike Kleinkunst« gleich zwei Ausgangspunkte für Ungenauigkeiten oder unterschiedliche Interpretationen an; wir können das leicht feststellen, wenn wir die Fachliteratur zur Hand nehmen. Ich will mir Rat holen, indem ich in einem »Lexikon der Antike« nachschlage unter dem Schlagwort »Kleinkunst«. Ich werde belehrt, daß antike Kleinkunstobjekte bis in die kretisch-mykenische Epoche zurückreichen. Im selben Lexikon finde ich aber auch die Beschreibung von anderen Kleinkunstfunden, die der jüngeren Steinzeit angehören und zum Teil noch Züge der älteren aufweisen (z. B. Çatal Hüyük). Danach erscheint es logisch, daß wir als Sammler antiker Kleinkunst weit zurückgreifen müssen. Da Kunst und die sie begleitende Kleinkunst ihren Anfang in der älteren Steinzeit haben, dürfen wir diese nicht ausschließen.

Große Kunstepochen, etwa die griechische, sind teilbar in stilistisch voneinander unterschiedene Abschnitte. Jede Stilstufe, zum Beispiel die geometrische in Griechenland (ca. 11.—8. Jahrhundert v. Chr.), äußert sich in den gleichen Mustern und Motiven bei Objekten der verschiedensten Art: Ton- und Metallgefäßen, Geräten, Kleinplastiken aus Elfenbein und Metall, Siegeln und Schmuckstücken. Sammler von statuarischen Werken werden meist solche, die halbe Lebensgröße nicht überschreiten, als Kleinkunst betrachten. Auch die Meisterwerke der Keramik (z. B. die attischen schwarz- und rotfigurigen Vasen) sind Kleinkunst. Es gibt Autoren, die ohne Bedenken die Keramik von der Kleinkunst trennen, aus darstellerisch-formalen Gründen; für den Sammler wäre solche Trennung unrealistisch.

Eine andere, viel grundsätzlichere Frage: Wo ist die Grenze zwischen Kunst und Nicht-Kunst? Und warum sammeln wir überhaupt? Sammeln ist eine konsolidierende Tätigkeit, die aber auch ihre Leidenschaften haben kann. Während wir die Tür zum Schatzhaus der Zeiten aufsperren, um unter seinen Kostbarkeiten Umschau zu halten, erwartet uns das Erlebnis, das solche Fragen und Gedanken mit sich bringt.

Kleinkunst, wie gesagt, ist so alt wie die Menschheit. Die frühesten Kunstwerke sind älter als Ackerbau und Viehzucht, Tonbearbeitung und Töpferscheibe, Metallurgie, die Erfindung des Rades und der Schrift. Für den Sammler gibt es vorgeschichtliche, frühgeschichtliche und altgeschichtliche Kleinkunst. Zu den griechisch-römischen Kulturbereichen — traditionell klassische genannt — kommen viele andere. Sie alle werden in zunehmendem Maße gesammelt und bilden das Thema dieses Buches.

Als man Werkzeuge, allerhand Geräte und Zierat anfertigte, war man nicht nur zweckbedacht: man machte die Dinge instinktiv schön, und oft sollten sie auch noch etwas Zusätzliches aussagen. Daher ist Kunst ein sehr weiter Begriff und das Thema Kleinkunst sowohl kunst- wie kulturgeschichtlich. Die Werke der antiken Kunst sind Wahrzeichen und Marksteine am frühen Schicksalsweg der Menschheit. Den Sammler interessieren die Hintergründe der Geburt eines Kunstgegenstandes, die Lebensumstände der Meister und vieles mehr. Darauf einzugehen, ist nicht nur vertretbar, sondern erforderlich. Abgesehen aber von ihrem zeitgeschichtlichen Interesse sind unsere Sammelgegenstände zeitlos schön. Darin liegt ihr beständiger Wert.

Schon die Formen, die die Natur hervorbringt, sind kunstvoll und bewundernswert, klug organisiert, aber sie wissen nichts davon. Der Mensch setzt die Natur und ihre Kunst fort und steigert sie. Er erlebt Kunst. Er macht aus ihr einen Beruf. Er kann sogar die Überredungskraft der Kunst zu häßlichen Zwecken mißbrauchen. Im Leben kommt es auf das Maßhalten an, und auch das ist ein Teil der Kunst.

Der Anblick und der Besitz eines vollendeten kleinen Objekts machen uns zweifellos glücklich, ob es nun 20 000 oder 50 Jahre alt ist. Wir halten eine vom Alltäglichen und Banalen abgesiebte kleine Welt in der Hand, die ganz und gar am Leben ist. Nichts äußerlich Unerfreuliches kann ihrem Dasein etwas anhaben. Wenn es aus zerbrechlicher Substanz besteht, wollen wir es schützen. Um eine Idee zu verkörpern, braucht das Material nicht einmal kostbar zu sein. Holz und Ton, Stein und Erz sind gleichwertig, wenn die Form ausgewogen ist. Jedes Kunstwerk ist anders, weil Menschen mit unterschiedlichen Ideen und Neigungen an ihm arbeiteten. Dem heutigen Sammler gewährt der Anblick eines gelungenen, alten Kunstobjekts ein versicherndes Bewußtsein der Bodenständigkeit. Es sagt ihm, daß er mit dem, was war, in einem weitläufigen Zusammenhang steht.

Wie und warum man sammelt, im besonderen antike Kleinkunst

Die beiden Dinge, die den fünfjährigen Knaben am meisten beeindruckten, waren grundverschieden, und es waren keine herkömmlichen Spielzeuge. Im Bilder-Album befanden sich einige mehr oder weniger hoch reliefierte »Künstlerkarten«. Er versicherte sich dieses debattierbaren Besitzes wieder und wieder und tastete seine unechten Erhabenheiten mit den Fingern ab. Daß sich das Wunder der körperlichen Welt in so kompaktem Kleinformat und dazu noch auf Papier darbieten konnte, erschien ihm ganz bemerkenswert. Er besaß ferner zwei aus Feuerstein gemachte, fein facettierte Pfeilspitzen aus dem Neolithikum (Neuere Steinzeit), ein Geschenk seines Vaters, der sie ausgegraben hatte. Die Relief-Karten schmeichelten seinem taktilen Gefühl. Die Pfeilspitzen beeindruckten durch die Ausgeglichenheit ihrer Form und waren Traumbrücken in eine für ihn kaum ausdenkbare Vorzeit ... Die Karten verbrannten im Zweiten Weltkrieg. Die Pfeilspitzen besitze ich noch.

Ich wußte natürlich damals nicht, daß mir der Zufall mit den Pfeilspitzen zwei der ältesten Beispiele antiker Kleinkunst in die Hände gespielt hatte, gewissermaßen den logischen Beginn einer Sammlung. Sie faszinierten mich. Ich fragte nicht, warum. Was weiß denn ein Kind vom Sammeln? Sammelt es etwa wie ein Erwachsener, wenn es die bunten formenreichen Muscheln und Kiesel am Strande aufhebt, die Augen weit mit Freude und Erstaunen über den schönen Fund? Es fragt nicht, woher das Geschenk kommt, nicht, wer es gemacht hat, und es denkt nicht an praktische Nutznießung. Wer kann eine Wolke, einen Duft, einen fliegenden Schmetterling, eine Freiheit verkaufen?

Das Kind fragt nicht, warum die Muschel so ist, wie sie ist. Die Erklärung, die vergleichende Wissenschaft, die Aufstellung des Verzeichnisses kommen viel später. Das Kind fühlt den Wind des Meeres, der auch das Gras der Düne bewegt, an seiner Wange. Es lebt noch ganz im Wunder des Gesehenen und in der Erwartung und weiß sich jedem Wechsel von Tag und Nacht, von Wachsein und Schlummer anzupassen. Dem Kinde vermehrt und vertieft sich der nicht-materielle Besitz alltäglich. Kein Torwart drängt es zur Eile, und da nichts den Sinn verwöhnt oder abstumpft, wird noch jede Gemeinsamkeit ihrem vollen Stellenwert nach ausgezahlt. Aber es übt seinen Formensinn, und es trägt das Geschenk der Gezeiten, die Muscheln und die bunten Steinchen, die es »begreifen« kann, mit sich nach Hause.

Ich wußte damals nicht, daß das Aufheben, ja das bloße Erblicken und Erkennen eines schönen Objekts ein künstlerischer Akt ist, ein Auftakt gewissermaßen zur Vorbereitung eines Kunstwerks, bei dem sich zwei Welten zusammenschließen, Mensch und Material, zu einem gemeinsamen Projekt. Der Mensch entdeckt den bunten Kiesel am Strand, ein leuchtend Kostbares, und er beschließt, den gleißenden Stein seiner eigenen Welt einzuverleiben. Wie wunderbar wird er sich ausnehmen, wenn er ihm Form und Schliff verliehen hat. Man muß ihn ehren, indem man ihm im Haus der Kunst ein Heim bereitet. Sammeln und Gestalten — beide sind einander verwandt. Sie sind das beste Heilmittel gegen existentiellen Katzenjammer! Sie verhelfen uns zu der Einsicht, daß wir physisch und psychisch mit allem verzahnt sind, von Anbeginn und fürderhin. Der schöne Moment gewinnt die Oberhand.

Die Dinge, die das Meer für uns an den Strand spült, Muscheln und Kiesel und manches andere, kommen wie eh und je aus der Tiefe der Urwelt: Die Begegnung macht uns sonderbar frei. Aber wir Menschen leben außer in jener Welt auch in einer der Kultur und der Geschichte, und in ihr finden sich viele andere Dinge, die uns ebenfalls ›nostalgisch‹ berühren. So sind wir als Erwachsene den Dingen nah verbunden, die bei unseren Eltern und Großeltern standen: Sie tragen uns in die Welt unserer Kindheit zurück, und wir sehnen uns nach ihnen, als ob wir dort etwas liegengelassen hätten. Und kommt es gar zu den Zeugen aus noch fernerer Vergangenheit, eben zu unseren Schätzen antiker Kleinkunst, so haben wir auch da ein ganz besonderes Verhältnis. Ein steinzeitliches Werkzeug, ein mesopotamisches Rollsiegel, ein ägyptisches Amulett, eine griechische Bronzestatuette, eine römische, jüdische oder frühchristliche Tonlampe verbinden uns mit Kulturen, die unmittelbarer, mythisch verwurzelter, heiler, weniger verwaschen als die unsere waren. Uns geschieht, was jeder der vergangenen großen

Kulturen geschah und was jedem Menschenleben geschieht: Für jedes sich lebend Entwickelnde kommt eine Zeit, wo es auf eine frühere Phase unverbrauchter schöpferischer Kraft zurückzublicken beginnt. Das »Archaische« wird nachgeahmt, das Alte gesammelt, und wenn auch das Ur-Erlebnis schwer wiederholbar bleibt, wir möchten es dennoch vollziehen.

Wir leben in einer Zeit hektischen Sammelns. Sammeln antiker Kleinkunst ist konstruktiv; es ist nicht nur Nach-Erleben des schöpferischen Aktes. Wir kommen in körperliche Berührung mit den Zeugnissen eines Zeitgeistes, für den die Welt kein bloßer Mechanismus war, vielmehr ein unbezweifeltes Erlebnis.

Sentimentale und ideelle Verbundenheiten wie die gerade beschriebenen bestimmen im hohen Maße unsere Vorlieben und unser Sammeln. Unser erstes spontanes Wählen hängt aber von allgemeineren, sinnfälligeren, ästhetischen Eigenschaften der Dinge ab. Unseren Augen gefällt etwas. Das Auge gibt das Objekt, das es schon erfühlt hat, weiter an die anderen Sinne. Die *Form* eines Objekts zieht uns an, seine Organisation. Unser Ordnungssinn spricht auf eine Ausgewogenheit, eine Harmonie, auf ein schönes Muster an (es braucht nicht geometrisch exakt zu sein). Die Natur bildet Kristalle und lebende Organismen. Sie haben Form. Un-Ordnung führt zum Tod. In der Natur merzt sich der Exzeß selber aus. In der Menschenkunst gilt das gleiche Gesetz. Nur ist die Verantwortung, die der schaffende Künstler trägt, vielseitiger und komplexer als die des Künstlers Natur.

Wir fragen bei einem von Menschen geschaffenen Kunstwerk: Hat das Kunstwerk Charakter? Sind die Eigenschaften des verwendeten Materials bei der Arbeit gebührend berücksichtigt worden? Entspricht das Kunstwerk dem Stil seiner Epoche in klarer, unzweideutiger Weise? Ist es ehrlich gemeint, also glaubhaft? Wenn alle Eigenschaften in erwünschter Weise vorhanden sind, dann sprechen wir von einem *vollkommenen* Objekt. In einem vollkommenen Objekt, im Kristall, in der Blume, in den Flügeln des Schmetterlings, herrscht Ordnung. Jedes Teilchen ist nach bestimmten Gesetzen in beziehungsvoller Weise zum Ganzen angeordnet und eingeordnet. Gefällige äußere Form und Harmonie der Lebensfunktionen sind einander verwandt. Der Mensch liebt das Wohlgeformte. Die wissenschaftliche Lehre von den Formen heißt Morphologie.

Bei unserer Sammeltätigkeit bringen wir diese Maßstäbe, bewußt oder unbewußt, fortwährend zur Anwendung. Wie kommt eine Vollkommenheit, eine Harmonie der Form zustande? Läßt sich überhaupt erklären, warum ein kleines Kunstwerk vermag, ein Bild des Lebens zu geben, in dem im besten Falle die Widersprüche tragbar, wenn nicht gar sinnvoll erscheinen? Wir sehen uns diese Dinge wieder und wieder an und kommen zu dem Schluß, daß in der Kunst die Tore zu Himmeln immer offen stehen. Manchmal möchte man meinen, es sei die Schönheit des verwendeten Materials, welches den Hauptbeitrag zu der ästhetischen Gesamtwirkung liefert. Es kann in der Tat von großem Einfluß sein. Denken wir nur an die Schnitzereien Alt-Chinas und Alt-Amerikas aus Jade, die Netsukes der Japaner aus Elfenbein und Holz (Heyne-Buch Nr. 4474 Antiquitäten — Netsuke). Einfühlsame Bearbeitung des Jade, welchem übernatürliche Qualitäten zugeschrieben wurden, macht die daraus geschnitzten Objekte zu Wunderwerken, in denen der natürliche Stoff und die Kunst des Menschen zu einer seltenen Einheit verschmolzen sind. In der antiken Kleinkunst gibt es ähnliches.

Wie aber, wenn ein kunstvolles Objekt, das alle Anforderungen erfüllt, nur aus bescheidenstem Material besteht, etwa aus Holz, Ton, Bein, Kupfer oder Glas? Und wie verhält es sich, wenn ein an sich abstoßendes Motiv oder Thema, beispielsweise eine Schreckmaske — das Antlitz des babylonischen Dämons Humbaba sei hier erwähnt — dennoch formale Schönheit besitzt? Jeder von uns weiß aus täglicher Erfahrung, daß nicht die Materie allein, aus der ein Ding gemacht ist, lebend oder tot, noch die bloße Idee, die dahinter steht, es an sich schön zu machen braucht. Der Parthenon ist schön, selbst in seinem heutigen Zustand. Würde aber eine Riesenexplosion oder ein Erdbeben das noch Erhaltene zerstören, so würden wir in dem amorphen Haufen regellos übereinander und durcheinander geschichteter Steintrümmer nichts Sehenswertes mehr erkennen.

Demnach kommt es darauf an, damit etwas schön erscheint, daß die Einzelteile nach bestimmten Gesetzen erkennbar angeordnet sind.

Die Entwicklung der Kleinkunst, vom Steinbeil bis zur vollendetsten griechischen Statuette, zeigt, daß sich der Mensch mehr und mehr dieser Formprinzipien bewußt wurde und sie in immer größerer Verfeinerung, bis zum Ausdruck seelisch-geistiger Qualitäten, zu handhaben verstand. Nicht mehr die Natur allein, der Künstler übernahm die Verantwortung. In einem Werk der Natur, Kristall oder Lebewesen, weiß ein jedes Teilchen, wohin es gehört. Bei einem Kunstwerk weiß es der Mensch. Das Erstaunliche ist, daß nicht das Großunternehmen Natur, sondern der Ein-Mann-Betrieb »Bildender Künstler« das organisch perfekte Gebilde zustande bringt, das wir Kunstwerk nennen.

Der Maler Ozenfant hat einmal eine Naturform, das Ei, als Vorbild einer vollkommenen Form bezeichnet. Die Vorstellung bringt uns dem

Verständnis dessen, was Form ist, näher, und damit auch dem Wesen des Kunstwerks. Den Griechen erschienen Harmonie der Form, Maß und Gleichgewicht einerseits notwendige Prinzipien der schönen Künste, andererseits Voraussetzung für ein menschenwürdiges Dasein. Der Mensch hat die Freiheit zu gestalten oder zu zerstören, meinte der Grieche. Er wählte den verantwortlichen Weg, den der Gestaltung. Auch die kleinsten Kunstobjekte, die er hinterlassen hat, zeigten es. Sie sind ausgewogen, halten Maß; durchbrechen niemals die Form. Wie die Bäume der Natur »wachsen sie nicht in den Himmel«. Der Grieche servierte uns, was er in der Natur vorfand, mit einem Schuß Heroismus und Süßigkeit versehen! Er ließ sich bei allem leiten von der mystischen Qualität des Vollkommenen.

Wo uns das Große erschreckt und das Kleine entzückt

Das Wenige, das der Verfasser als Schüler von antiker Kunst zu hören bekam, bezog sich auf Schöpfungen monumentalen Ausmaßes. Der Gedanke, daß kleine Dinge die gleichen Qualitäten besitzen könnten wie weithin sichtbare, war den Pädagogen, mit denen er zu tun hatte, offenbar nie gekommen. Bei vielen Objekten antiker Kleinkunst, vornehmlich bei griechischen, bewundern wir das fein abgewogene Verhältnis vieler Details auf kleiner Fläche, oder innerhalb eines begrenzten Raumes. Gerade die Vasenmalerei, die Münzen und die geschnittenen Steine (Gemmen) sind Musterbeispiele, neben winzigen Amuletten, für das Große, das sich im kleinen abspielen kann. Es sind Sammelgebiete, die heutzutage bevorzugt werden. Das war nicht immer so.

Sammler von alten Kunstobjekten en miniature, insbesondere von Rollsiegeln, Gemmen, Kameen, Münzen, Amuletten, haben viel Freude daran, ihre Objekte in der fotografischen Vergrößerung zu betrachten. Dies Verfahren ermöglicht es, die mit bloßem Auge kaum wahrzunehmende Qualität und den monumentalen Charakter eines winzigen Kunstwerks zu verdeutlichen. Zeigt man jemandem die Vergrößerung eines ägyptischen Fayence-Amuletts, das im Original nur zentimeterhoch ist, so wird er oft glauben, daß er ein großplastisches Objekt vor sich hat. Die winzigen Gemmen, die die Alten anfertigten, sind ebenso erstaunlich wie die gigantischen »Weltwunder«: Es scheint, daß der Mensch von Extremen beeindruckt ist.

Wo liegt aber die Grenze zwischen »groß« und »klein«? Eine menschliche Figur, lebensgroß dargestellt, wird man nicht den Kleinkunstobjekten zurechnen, einen ägyptischen Skarabäus, zehnfach vergrößert, aber schon. Einzig und allein die miniaturhafte Ausführung sollte als ein Kriterium dienen, ob ein Objekt noch zur Kleinkunst gehört oder nicht. Man hat für die Objekte der Kleinkunst Stein, Ton, Kupfer, Bronze, Eisen, Blei, Glas, Holz und Knochen verwendet. Wenn aber das Material selten und kostbar war, ergab sich von selbst, daß man die Dimensionen gering hielt (Gold, Silber, Halbedelsteine). Auch die Form des Ausgangsmaterials setzt oft dem Umfang eine Grenze: Elfenbein- und Knochenobjekte sind selten sehr groß. Kleinkunstwerke sind die Schoßhündchen der Kunst. Im Gegensatz zu den großen Hofhunden oder noch aggressiveren Typen neigen sie dazu, liebenswürdig zu sein. Das Gigantische, Kolossale überwältigt uns; oft erschreckt es uns. Es gibt Meisterwerke von riesigen Ausmaßen, die uns nicht glücklich machen. Manche Themen der sumerischen, babylonischen und assyrischen Kunst dienen nur der Allmacht des Gott-Königs: Sie wollen unterdrücken, einschüchtern. Allzuoft wiederholt, wirkt ihre ostentative Gebärde ermüdend. Noch abgeschmackter ist die immer wiederholte Darstellung kriegerischer Ereignisse, das Abschlachten von Gefangenen, die Jagd, bei der nur noch die gehetzten Tiere mit Gefühl dargestellt werden: Wir können den assyrischen Realismus bewundern, lieben können wir ihn nicht.

Kleinformatige Kunstwerke sind im allgemeinen weniger geschichtlich verpflichtet. Sie wurden zu anderen Zwecken hergestellt, und die Geschicklichkeit und das kunstvoll Handwerkliche treten mehr in den Vordergrund. Hier werden keine Siege gefeiert, hier prahlt man nicht. Ein Kunstwerk leidet, wenn der Geist der Zerstörung es beherrscht. Selbst Gilgamesch und Enkidu, die sumerischen Muskelmänner, wirken auf einem Rollsiegel zierlich und erfreulich (vgl. Abb. 49).

Von den kleinsten Werken der Kunst ist uns vieles erhalten geblieben, weil sie den Unbilden der Zeit nicht derartig ausgesetzt waren wie die großen Statuen oder die Architektur. Ein wertvolles kleines Objekt ließ sich in Zeiten der Gefahr leicht verbergen; andere wurden den Toten in die Gräber gegeben oder finden sich in den Ruinen der Städte und Tempelbezirke. Unter diesen Dingen befinden sich viele Kostbarkeiten: Schmuck aus den Gräbern der Pharaonen, exquisite Gemmen und Kameen, Rollsiegel, Bronzestatuetten und solche aus Terrakotta. Noch viel umfangreicher ist die Zahl von Gegenständen, die, was

Aufmachung und Qualität anbetrifft, nicht in die Spitzengruppe gehören, aber dennoch begehrenswert sind. Immer wieder ist der Sammler erstaunt, wieviel Originalität, ja Einmaligkeit die Objekte des alten Kunsthandwerks besitzen. Serienware ist im allgemeinen die Ausnahme. Hier und da begegnet dem Sammler eine wirkliche Seltenheit unter scheinbar unbedeutendem Material. Um solcher Entdeckung willen findet sich der Sammler ab mit unvermeidlichen Enttäuschungen, Fehleinschätzungen und gelegentlichen Kauf-Fehlern. Er läßt sich durch diese nicht entmutigen. Er denkt nicht ganz mit Unrecht, daß das Beste ihm vielleicht deswegen noch nicht zu Gesicht gekommen ist, weil es sich, wie manches im Leben, an einer Stelle verborgen hält, wo er trotz seiner vermeintlichen Erfahrung noch nicht nach ihm geforscht hat.

Der Aufbau einer Sammlung antiker Kleinkunst

Wie wird man zum Sammler antiker Kleinkunst? Mancher ist zum Sammeln für diese Dinge geboren und beginnt damit früh. Andere beginnen irgendwann später im Leben. Für sie ist es wohl etwas schwieriger, sich in die Materie einzuarbeiten, vornehmlich auf einem Gebiet, um das man sich nie gekümmert hat. Die Sprache der in diesem Band behandelten Objekte ist vielen fremd und die Sprache der Fachgelehrten, die sie beschreiben, ebenfalls. So ist die reservierte Haltung einem wenig bekannten Gegenstand gegenüber zu verstehen, mit dem man sich ansonsten gerne beschäftigt hätte. Wer trotzdem die Reise in so entlegene Bezirke unternimmt, entwickelt häufig eine recht persönlich gefärbte Beziehung, die nur für ihn gilt.

Das Grunderlebnis ist immer das gleiche. Der zukünftige Sammler sieht einen schönen und irgendwie interessanten Gegenstand, erwirbt ihn und möchte mehr davon wissen. Vielleicht fesselt ihn das, was er darüber erfährt, so sehr, daß er sich erst gar nicht einem anderen Feld zuwendet, sondern sich gleich zum Spezialisten entwickelt.

Sollte sich der Sammler noch nicht für ein spezielles Gebiet entschieden haben, so mag die Fülle des Materials erdrückend auf ihn wirken. Die Platzfrage gebietet, bei der Wahl der Sammelobjekte bedacht vorzugehen: Wie überall macht nicht die Quantität, sondern die Qualität und die Anordnung den Anschauungswert einer Sammlung aus. Die Objekte sollten nach Möglichkeit in Stil, Charakter und Ausführung viel zu sagen haben und das Interesse nicht nur vorübergehend fesseln. Da in den frühen Phasen menschlicher Kunst Stücke mit Individualität mehr die Regel als die Ausnahme darstellen, fällt es nicht schwer, in verhältnismäßig kurzer Zeit eine instruktive und auch attraktive Gruppe von diesen Antiken zusammenzutragen. Natürlich haben uns die alten Objekte um so mehr zu sagen, je mehr wir von ihren kulturellen Assoziationen wissen. Genau wie im Leben des einzelnen Menschen, so wechseln auch in Kulturen Stunden schöpferischer Höhe mit Stunden der Unlust, wir sehen das auch den Kunstwerken an. Eine Kultur hat Morgenröte, Mittag und Abend. Wenn sie sich versteigt oder erstarrt, so ist es mit der Weisheit und Kunst zu Ende. Wir kennen die dunklen Stunden der Menschheitsgeschichte, auch sie zählen mit; nur auf der Skala der Sonnenuhr werden die trüben Stunden nicht registriert.

So muß unser Zug an vielen Stationen, wenn auch nur für beschränkte Zeit, haltmachen. Die Zeit ist kaum vorhanden, sich den Dingen so eingehend zu widmen wie ein Vorgeschichtler, Archäologe oder Kunsthistoriker. Diese haben Gelegenheit, die alten Objekte der Vergessenheit zu entreißen, interessante Zusammenhänge mit Mühe zu rekonstruieren und auf solche Weise die toten Zweige am Baume der Kultur in der Einbildung wieder grün werden zu lassen. Um ein einziges Objekt zu verstehen, ist oft das ganze Rüstzeug der Wissenschaft erforderlich. Um Gediegenes zu erkennen, genügt oft Einfühlungsvermögen; um es zu bestimmen, viel Übung und Erfahrung. Auch für den Sammler ist es wünschenswert, über ein Objekt, das er besitzt, gut informiert zu sein. Mit anderen Worten, es tut keinen Schaden, wenn ein Zettel mit der ganzen Wissenschaft daran befestigt ist — der ehrgeizige Sammler kommt ohnehin an den Punkt, wo er unter Zuhilfenahme der einschlägigen Literatur und durch Vergleich mit Museumsmaterial und indem er von Experten Rat einholt Forschung betreibt. Mehr als einmal ist der Verfasser Zeuge gewesen, wie ein Händler antiker Kleinkunst ein hübsches und interessantes Stück mit der Begründung zurückwies, es sei ihm zu »akademisch« oder unbedeutend, und er wisse niemanden, der dafür Interesse habe. Und doch sagte das kleine Kunstwerk, das kaum Raum in Anspruch nahm, ebenso treffend über den Geist der Epoche aus wie eines der einst durch ihre Größe imponierenden »Weltwunder«. Es hätte manchem Sammler Freude bereitet. Für Kunstgegenstände der Antike gibt es keine exakten Bestimmungstabellen, wie sie für Kristallformen, Gesteine,

Pflanzen- und Tierarten zur Verfügung stehen. Oft ist aber die Zuschreibung ohne große Erfahrung möglich, besonders in solchen Fällen, wo datierbare Merkmale, z. B. Töpfermarken, vorhanden sind. Wir haben es zwar nicht so leicht wie etwa die Römer, die mit Leidenschaft die Kunst der benachbarten Griechen sammelten. Dafür ist die Auswahl für den heutigen Sammler um so umfassender und noch keineswegs erschöpft, denn sein Material stammt aus zahlreichen Kulturbereichen und umgreift viele Arten Gegenstände in den verschiedensten Größenordnungen. Schon die vorgeschichtliche Kunst bietet Stein- und Bronzegeräte, figurale Darstellungen, keramische Gefäße und anderes. Ägyptische Kleinkunst ist überaus reich: Statuetten aus verschiedenen Materialien und eine ungeheuere Zahl von Amuletten, meist aus Fayence, sind sehr beliebt. Rollsiegel aus Westasien, minoische Gemmen, kykladische Marmoridole, Kleinbronzen aus Luristan sind begehrte Sammelgegenstände. Griechische und etruskische Kleinbronzen, Terrakotten, Gemmen, Schmuck, Münzen, Geräte mannigfacher Art und das weitläufige römische Kunsthandwerk bieten nicht nur kaum übersehbare Möglichkeiten für Sammler, sie stellen ihn auch vor Probleme. Vieles aber ist auch leicht bestimmbar. So der altsteinzeitliche Faustkeil, den ein Mensch, der noch unbestritten Natur war, in der Hand gehalten hat. Und kaum jemand wird das logisch und energisch organisierte Miniaturporträt eines römischen Imperators falsch plazieren.

Mit solch stilistisch eindeutigem und leicht datierbarem Material eine Sammlung aufzubauen, bereitet keine Schwierigkeiten. Selbst mit der abgekürzten Vorstellung, die die meisten von uns von der Kunst der Antiken Welt haben, läßt sich da zur Not auskommen. Doch bei manch einem Objekt, das schön und ungewöhnlich ist, ist eine genaue zeitliche und geographische Zuschreibung nicht ohne ausgiebiges Forschen möglich. Dies ist immerhin ein Anreiz, denn in kaum einem anderen Sammelgebiet lernt es sich so umfassend und so aufregend. Am Ende mag der Liebhaber dieser vergangenen Welt feststellen, daß er eines ihrer Rätselkinder ebenso hoch schätzen kann wie eines, das gar zu sehr dem Schema entspricht.

Ein bekanntes amerikanisches Museum veranstaltete schon vor geraumer Zeit in regelmäßigen Abständen ein »Quiz« (im Rahmen des Rundfunkprogramms) unter dem Titel »What in the World«. Objekte der Weltkunst unterschiedlichen Alters wurden einer Gruppe von Experten zur Bestimmung vorgelegt, und diese war in vielen Fällen gar nicht leicht. Man erlebte eine Stunde interessanter Detektivarbeit. Die Sendung erfreute sich großer Beliebtheit. Auch bei gewissen Zusammenkünften im Museum selbst gab es gelegentlich ein »Bestimmungs-spiel« mit Preisen für diejenigen, die sich am vortrefflichsten aus-kannten.

Man kann sich natürlich Zeit und Mühe ersparen, wenn man durch Experten bestimmte und garantierte Objekte beim darauf spezialisier-ten Fachgeschäft erwirbt. Von Zeit zu Zeit kommen außerdem bedeu-tende Sammlungen unter den Hammer, wissenschaftlich katalogisiert und exakt beschrieben. Es empfiehlt sich überhaupt sehr, möglichst aus Quellen zu kaufen, die umfangreiche Erfahrung haben und hinter denen der Rat von Experten und das notwendige wissenschaftliche Rüstzeug steht. Wie in allen Zweigen des Kunsthandels gilt der Fach-mann. Ein echtes Objekt zu verhältnismäßig hohem Preis erworben, ist immer noch billig im Vergleich zu einem, das zweifelhaft bleibt oder Reklamationen, unnütze Wege oder gar Ärger im Gefolge hat.

Umgreift unsere Sammlung genügend Beispiele früher und später Kleinkunst, so fällt uns auf, daß nicht nur die Menschwerdung und der allgemeine Aufbau der Kulturen eng mit dem technischen Fortschritt verknüpft waren. Gleichzeitig ändert sich nämlich das Weltbild des Menschen. Die Natur, ursprünglich empfunden als eine anonyme, beseelt-numinose Präsenz, wurde personifiziert. Man begann sich die kosmischen Mächte menschlich vorzustellen. Nun diente die Kunst dem Mythos, dem Gott oder seinen Beauftragten, dem König — sie wurde vorwiegend religiös. Wenn sie Unterjocher und Unterjochte dar-stellte, so war auch das ein Teil der allgemein akzeptierten Weltord-nung. Auch über jenen Hochkulturen, von denen sich letzten Endes unsere Zivilisation ableitet, waren die Himmel selten wolkenfrei.

Das kritische Griechentum zeigte dem Menschen die Bedingungen seiner Existenz. Die Kunst wurde anders mündig. Rom bewunderte Griechenland, holte zwar sein Vorbild nie ein, hielt aber in seinem weithin verbreiteten Kunsthandwerk die griechische Formenwelt am Leben.

Jede Epoche und jede Kultur brachte feine Arbeiten zustande. Große und kleine Kunstobjekte spiegeln die Entwicklung. Und weil kleine Dinge die Zeiten oft besser überleben als die großen und noch immer die Funde zutage kommen, ist soviel davon in unseren Museen, privaten Sammlungen erhalten, im Handel zu erwerben und im Boden vergraben.

Die ältere Steinzeit
Die Erfindung des Werkzeugs

Es gab einmal eine Zeit, da waren alle Menschen wie Kinder, allerdings sehr wilde, nach unseren Maßstäben schrecklich aussehende Kinder. Sie kannten kein Sammeln in unserem Sinne. Sie hatten gar nicht Zeit dafür. Wie sollten sie auch gesammelt haben; es gab ja noch keine rechte Heimstätte und keine von Menschen gemachte Kunst. Aber sie hatten sehr scharfe Sinne und waren beeindruckt von allem, was die Natur ihnen bot. Sie merkten bald, wie natürliche Formen aus Holz, Knochen oder Stein sich ihrer Hand anpaßten. Sie bearbeiteten diese Materialien, damit sie noch besser paßten und sich noch praktischer verwenden ließen. Allmählich wurden die Formen, die sie selber auf diese Weise schufen, immer zweckmäßiger; sie faßten sich besser und besser an. Sie wurden symmetrisch und hatten scharfe Kanten. Der Tastsinn des Menschen und sein Auge, das Organ, das die Dinge aus der Distanz umfühlt, hatten die ersten Kunstgegenstände zuwege gebracht. Und, potentiell, auch die ersten Sammler. So sind die Entstehung der Kunst in der Form von Gebrauchsgegenständen, die dem Tastsinn schmeicheln, und die menschliche Leidenschaft, schöne Dinge zu sammeln — mit anderen Worten, die Freude zu schaffen und zu empfangen —, in ihren Ursprüngen verknüpft. Den Jägern und Nomaden folgten die Ackerbauer und Dörfler und ihnen die Städtegründer früher Hochkulturen. Beginnen wir mit den Jägern, die die Technik und die menschliche Kunst in die Welt brachten.

Die ersten von sehr primitiven Menschen angefertigten Werkzeuge sind einige in Afrika gefundene Artefakte, die eine Million, vielleicht auch zwei Millionen Jahre alt sind. Es sind rohe, an einer Seite zugeschlagene Geröllsteine (Abb. 1 A). Es sind Schlagsteine, die auf künstlichem Wege, nicht natürlich zustande gekommen sind. Im Prinzip beginnt die menschliche Kleinkunst mit diesen Steinen. Obwohl ihnen kein Plan, keine ausgedachte Form zugrunde liegt, kann man sie nicht übergehen, denn mit den unscheinbaren Objekten begann eine neue Phase in der Entwicklung der organischen Welt. Ein menschenartiges Wesen, fast eine Tierart, der *homo habilis,* erhob sich über seine Artgenossen, die noch ganz und gar Natur waren, und wenn auch der Prozeß der eigentlichen Menschwerdung ein langsamer und komplizierter war — wir wissen, wie es ausging. Das intelligente, eigensüchtige Wesen brachte die Natur zunehmend unter seine Kontrolle und leitete eine Entwicklung ein, die am Ende zu einem offenen Gegensatz führen mußte. Das Geröllgerät bedeutete den Beginn der menschlichen Industrie und der menschlichen Kunst zugleich.

Von Kunst ist allerdings in dieser frühesten Phase der Entwicklung wenig zu bemerken. Die Steine interessieren uns hier in der Hauptsache nur, weil in ihr der physische und psychische Keim zu suchen und auch zu finden ist, für all das, was später, kaum noch erkennbar, daraus wurde. Etwas prädestinierte die frühe Menschenform, sich über ihre weniger begabten Verwandten zu erheben. Wie war in jener Zeit die Umwelt beschaffen, die ja die Menschwerdung zweifellos mitbedingt? Betrachten wir kurz die Biosphäre, in der das Wesen, das den Keim zum Künstlertum in sich trug, lebte.

Das Erscheinen der verschiedenen Menschenformen erfolgte in der diluvialen Phase der Erdgeschichte, dem Pleistozän. Die eiszeitlichen Bedingungen bestimmten die Lebensweise dieser Menschen, die wir als fortgeschrittene Hominiden (Menschenartige) bezeichnen. Der Vorgang der Menschwerdung, an dem diese Arten teilhaben, fällt in das späte Pliozän (Tertiär) und das darauf folgende frühe Pleistozän. Die diluviale Umwelt meinte es nicht gut mit diesen Menschen; sie mußten den Großteil ihrer Energie dazu verwenden, mit ihren noch unentwikkelten Waffen und Jagdmethoden des damals lebenden Großwilds habhaft zu werden. Allmählich trat die paläolithische (altsteinzeitliche) Form der Lebensweise klar zutage: Der Mensch war in der Hauptsache Jäger. Das Wild pflegte vor dem Eis zu flüchten. Die Menschen gingen dorthin, wo das Wild war, und waren somit an keine bestimmte Stelle gebunden. In den Warmzeiten stieg der Spiegel der Meere und Flüsse und bildete Terrassen von unterschiedlicher Höhe. Die Jäger siedelten sich in der Nähe der Wasserläufe an, und dort findet man die frühen Werkzeuge und Waffen, zusammen mit den Überresten von Tieren. Die Höhe der Fundplätze auf den Terrassen hat die Anhaltspunkte gegeben für die Datierung der Werkzeuge und ihre Zuordnung zu bestimmten Kalt- und Warmzeiten. In dieser Weise erfolgte erstmals die Entdeckung und Bestimmung von Werkzeugen, die auf Terrassen über dem Somme-Fluß gelegen waren. Man muß diese frühen Jägerkulturen prinzipiell unterscheiden von der Kultur der Nacheiszeit, die mit dem endgültigen Rückgang des Eises um 8300 v. Chr. einsetzte.

Was wissen wir in bezug auf den Übergang vom Tier zum Menschen im Pliozän und der ihm folgenden, eine halbe Million Jahre währenden Eiszeit? Die physischen und psychischen Anlagen hatten die Menschenartigen von ihren primitiveren Ahnen, den gleichfalls zur Gruppe der Primaten gehörigen Affen, übernommen. Der Übergang zum Bipedalismus (aufrechter Gang) erfolgte vor mehr als 3 Millionen

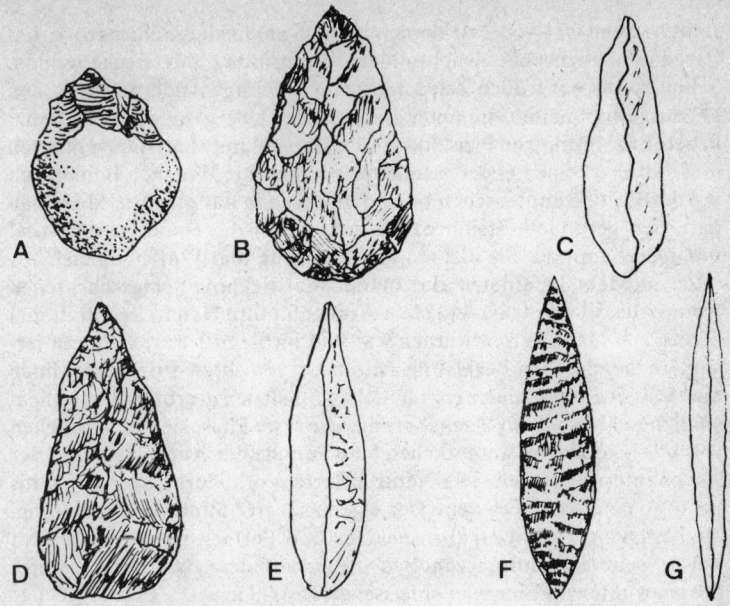

1 Wichtige Typen der Steinwerkzeug-Industrie:

Obere Reihe: A   *Geröllgerät des* homo habilis *und* homo erectus,
                            Alter: 1 Million bis 500 000 Jahre.
                 B, C   *Faustkeil des* homo erectus
                            Abbevillien (Chelléen), Acheuléen.

Untere Reihe: D, E   *Faustkeil aus dem Moustérien mit Acheul-Tradition; Stufe des* homo
                            neanderthalensis.
                 F, G   *Lorbeerblattspitze des westeuropäischen Solutréen, ca. 18 000—15 000*
                            v. Chr. Cro-Magnon-Rasse des homo sapiens.

Primitivste Werkzeugbenutzung, vielleicht sogar Herstellung, hat man aufrecht gehenden Arten des Australopithecus, *die vor 4—1 Millionen Jahren lebten, zugeschrieben, zuverlässiger aber dem fortgeschritteneren* homo habilis *(1,9—1,6 Millionen Jahre v. Chr). und den* homo erectus-*Formen (1 Million—500 000 v. Chr.).*

Die Neandertaler, homo neanderthalensis, *standen dem heutigen Menschen bedeutend näher; sie existierten in mehreren Arten von ca. 120 000—35 000 v. Chr. und stellten die Werkzeuge der Mittleren Altsteinzeit her.*

Mit dem Erscheinen des Kulturträgers homo sapiens *vor 40 000—35 000 Jahren vollziehen und steigern sich die unruhigen Fortschritte und die Konkurrenz auf kulturellem Niveau, erst behutsam, dann alle Qualitäten menschlicher Betriebsamkeit umfassend, schließlich sich überstürzend und mehr und mehr nach einem glücklichen Ausgleich verlangend.*

Die Abb. zeigt die langsame, aber stetige Verbesserung und Verfeinerung früher Steinwerkzeuge, vom roh zugeschlagenen Geröllstein zum ästhetisch ansprechenden Objekt mit seinen zahlreichen Retuschen.

Jahren, aber erst vor 2 Millionen Jahren nahm die Gehirngröße unterschiedlich zu, bei gleichzeitiger Umformung der Beckenregion. Schon zu diesem frühen Zeitpunkt traten wichtige Änderungen in den Lebensgewohnheiten ein, unter anderem der Übergang von der pflanzlichen Ernährung zur Fleischkost, die Herstellung von Unterschlupfen und das Erscheinen erster primitiver Werkzeuge. Wo auch immer sich auf der Erde Frühmenschen befanden, geschah das gleiche: Sie hoben natürlich gerundete Steinbrocken auf, die in die Hand paßten, und schlugen damit zu. Sie dienten als Werkzeug und Waffe zugleich.

Zu all dem befähigten die in der Entwicklung fortgeschrittenen Hominiden ihre sehr beweglichen Arme und ihre Hand, die durch den aufrechten Gang befreit worden war und im Begriff war, vieles zu lernen. In psychischer Beziehung hatten sie von ihren Primaten-Ahnen die Neugierde und den ungewöhnlichen Spieltrieb geerbt und vor allem auch die Fähigkeit zur Nachahmung. Die erste Phase der menschlichen Werktätigkeit ist im wesentlichen eine Periode der Anpassung und der Nachahmung gewesen. Die Natur lieferte Vorbilder, und das ist bis heute so geblieben. Die dem Tier eigene scharfe Sinneswahrnehmung, die Fähigkeit, Distanzen abzuschätzen und Formen zu unterscheiden, waren weitere Faktoren von Bedeutung auf dem Wege zu späterer formbewußter und formschöpferischer Tätigkeit.

Geröllsteine mit zufällig entstandenen Schlagkanten sind in manchen Fällen schwierig zu unterscheiden von solchen, die durch Gebrauch des Menschen geformt sind. Anfängliche Verwechslungen sind verständlich. Doch läßt sich meist ein vom Menschen hergestelltes Werkzeug erkennen, denn man sieht ihm die Absicht an. Die Fähigkeit eines Wesens, die zufällige Schärfung eines Steinknollens wahrzunehmen, weiter zu treiben und auszunutzen, ließ aus dem anfangs rohen Keil später das schön geformte symmetrisch fein bearbeitete Werkzeug werden. Mancher wundert sich, daß Kunst schon auf so geistig primitivem Niveau vorhanden war bei einem Menschen, dem noch ganz der Eintritt in die Welt logischer Zusammenhänge versagt war. Man kann Künstler sein, ohne sich mit kausalen Erklärungen abzumühen.

Die frühen Geröllsteine dienten dem Menschen über 500 000 Jahre in unveränderter Form. So langsam war damals der Fortschritt. Dennoch bilden sie die Grundlage für die späteren komplizierten Formen; ihre primitive Gestalt darf uns nicht täuschen. Urwüchsig, unmittelbar, unverfälscht wie ihre Verwendung, so wirken auf uns die Formen der altsteinzeitlichen Werkzeuge. Holz und viele Knochen zerfielen, aber die Steine haben sich unverändert erhalten. Schon die frühesten Phasen erweisen sich jedoch bei genauer Untersuchung als komplexer, als man annehmen möchte. Das primitive Ur- und Allzweckwerkzeug, der Geröllstein, wurde stufenweise verbessert und differenziert. Aus ihm, von der Notwendigkeit her, entwickeln sich die späteren Mehrzweckwerkzeuge der Altsteinzeit, insbesondere die sog. Faustkeile (Abb. 1 B—D). Die Haupttypen der Altsteinzeitgeräte zeigen den allmählichen Fortschritt von der rohen, utilitaristischen Anfangsform zu solchen hin, die zunächst besser schneiden, schaben oder spalten, dann zu feineren, technisch spezialisierteren und auch ästhetisch ansprechenden Formen (Abb. 1 B, D). Die »Lorbeerblatt«-Spitze des Solutréen, so genannt nach dem Fundort Solutré, einem burgundischen Dorf im Dep. Saone-et-Loire, zeigt den erheblichen Sinn für Form, den die Cro-Magnon-Rasse besaß. Solche Werkzeuge sind auf beiden Seiten mit zahlreichen Retuschen versehen, deren Herstellung große Geschicklichkeit voraussetzte (Abb. 1 F, G).

Sinn für Form ist schon bei den weit primitiveren Neandertalern *(homo neanderthalensis)* nachweisbar (Abb. 1 D, E). Aber erst beim Cro-Magnon-Menschen (Abb. 1 F, G), einer Gruppe des *homo sapiens,* wird das Werkzeug ein Kunstwerk. Wir werden im folgenden sehen, daß seine Kunst sich nicht auf die Herstellung von Steinwerkzeugen und auf die Anfertigung feiner, dünner Knochennadeln mit millimeterkleinem Öhr zum Nähen von Fellen und Häuten beschränkte.

Man möchte fragen, wie sehr der frühe Mensch, der künstlerisch regelmäßige Formen herstellte, sich seines Künstlertums bewußt war. Hatte doch schon der Neandertaler einen beträchtlichen Grad von Formensinn gezeigt. Bekannt sind die Steinkugeln, die er gelegentlich kegelförmig aufschichtete. Auch machte er sich Gedanken über das, was nach dem Tod kam; er bestattete seine Toten mit Ausrüstungsmaterial für das Jenseits.

Die eigentliche steinzeitliche Felsbildkunst und die sie begleitenden Kleinkunstformen nahmen im abendländischen Europa ihren Anfang vor ungefähr 40000 Jahren und endeten 30000 Jahre danach. Die Kulturen, die in der Hauptsache daran beteiligt waren, werden bezeichnet als Aurignacien, Solutréen und Magdalénien. Die ersten Werkzeugmacher wären zu dieser Leistung nicht fähig gewesen. Ihr schmales, wenig differenziertes Gehirn reichte zum künstlerisch schöpferischen Akt auf so hoher Ebene nicht aus. Wahrscheinlich entging ihnen wenig, was offen zu Tage lag. Aber es dauerte über eine Million Jahre, bis man von Kunst ohne Vorbehalt reden konnte, und noch etwas länger, bis das Wesen, das erst noch seinen Durst zur Erde gebeugt und schlürfend gestillt hatte, mit einem schönen Schöpfgefäß, einer Hydria, zur Quelle gehen würde, um Wasser darin zu sammeln.

Die Formen der steinzeitlichen Kleinkunst

Relief, Rundbild, gravierte Steine und Elfenbein

Der Cro-Magnon-Mensch sah zahlreiche, regelmäßig geformte Gebilde, die natürlichen Vorgängen ihre Entstehung verdankten. Auch er verstand es, geometrisch Vollkommenes herzustellen. Die wesentlichen Grundformen der Kunst und des Kunstgewerbes wurden früh entdeckt und haben sich bis heute nicht geändert. Daneben aber sah er Formen, die weniger regelmäßig gebildet waren. An den Felswänden der Höhlen sah er reliefartige Wölbungen, deren Form ihn an Tiere erinnerte, die er jagte. Diese von der Natur gelieferten Andeutungen vervollständigte er. Oft bildeten sie die Grundlage einer farbigen Darstellung.

Aber auch unter den natürlichen Geröllsteinen und Kieseln, nach denen er Ausschau hielt, wenn er Material für seine Werkzeuge suchte, befanden sich hin und wieder solche, die ihn an lebende Formen erinnerten. Wir wissen, daß äußere Agentien, z. B. windgetriebener Sand (Windkanter), Wasser und andere Kräfte die Erzeugung solcher Formen fördern. Man hat ihnen zu allen Zeiten magisch-religiöse Bedeutung gegeben, ja kultische Verehrung erwiesen und sie als Amulette getragen, wenn sie klein genug waren. Solche Funde befruchteten die menschliche Erfindungskraft und Phantasie und gaben Veranlassung, ähnliches herzustellen. Oft aber begnügte man sich damit, solch ein Naturspiel, das an das Leben erinnerte, als Idol, so wie es war, in Haus oder Heiligtum aufzustellen. Dies geschah beispielsweise in den frühneolithischen Siedlungen von Çatal Hüyük (vgl. S. 52 f.) im südlichen Zentralanatolien und in Lepenski Vir auf dem jugoslawischen Donauufer im Gebiet des »Eisernen Tors«.

Venus- oder Mutterstatuetten

Unter den Bildideen der frühen altsteinzeitlichen Kleinplastiken herrscht die weibliche Figur. Es handelt sich um Statuetten, die durch ihre schwellenden, übertriebenen Formen auffallen. Man hat angenommen, daß sie hauptsächlich dazu dienten, die Fruchtbarkeit und die Fortdauer der Gruppe zu beschwören, und hat sie Venusfiguren genannt. Sie stehen am Anfang einer langen Reihe von sich im Prinzip ähnelnden Idolen, welche erst namenlos in der steinzeitlichen und bronzezeitlichen Vor- und Frühgeschichte, später unter den Namen verschiedener Göttinnen ihre Rolle in den Kulturen Westasiens, der Mittelmeergebiete und Europas spielen. Manch ein Sammler besitzt die Terrakottafigur einer phönizischen Astarte aus der mittleren oder späten Bronzezeit. Oder eine der späteren aus dem 8.—6. Jahrhundert v. Chr. stammenden phönizischen Kultfiguren, die von den Propheten als Zeichen des Aberglaubens verurteilt wurden, weil man solchen Statuetten magische Wirkung zuschrieb. Wir kommen dem Sinn dieser Figurinen wohl am nächsten, wenn wir sie als Mutterfiguren oder Muttergottheiten betrachten; sie sind die ältesten, langlebigsten und am meisten verbreiteten aller Idole, die man verehrte.

Die altsteinzeitlichen Formen bestehen aus Stein oder Elfenbein, in einem Fall (Dolni Věstonice; Abb. 2) aus gebranntem Ton. Die bekannteste »fettleibige« Statuette dieser Art ist die »Venus von Willendorf«, die noch Spuren der Rötelbemalung trägt (Abb. 3). Ihr Gesicht verbirgt sich hinter einem frisurartigen Muster, das man verschiedent-

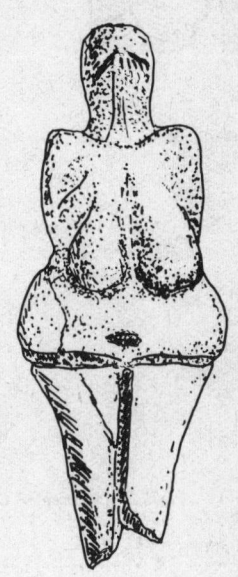

2 *Venus von Dolni Věstonice (Unter-Wisternitz). Gebrannter Ton. Höhe 11,5 cm. Gravettien (ca. 22000 v. Chr.) Dolni Věstonice, Mähren, ČSSR, Moravski Museum, Brünn.*

3 *Die Venus von Willendorf. Kalkstein. Höhe 10,5 cm. Aurignacien. Naturhistorisches Museum, Wien.*

Die ältesten bekannten Kleinfiguren sind die sog. Venusfiguren, Frauenplastiken, die bis in das Aurignacien zurückreichen. In ihrem übertriebenen Realismus sind sie ein Ausdruck der Brutalität und Majestät der Schöpfung. Die Venus von Willendorf ist das bekannteste, noch in einem schwerfälligen Rhythmus befangene Beispiel.

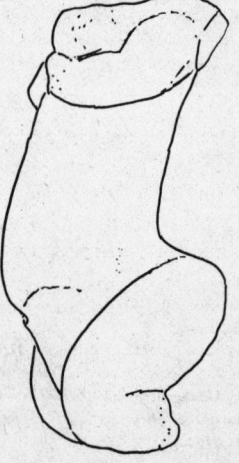

4 *Venus aus Sireuil. Transparenter Calcit. Höhe 9,2 cm. Aurignacien. Sireuil, Dép. Dordogne, Frankreich. Musée des Antiquités Nationales, St. Germain-en-Laye.*

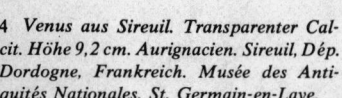

◁ 5 *Venus von Vibraye.*
Höhe 8,2 cm. Magdalé-
nien. Laugerie Basse,
Dép. Dordogne, Frank-
reich, Musée de l'Homme,
Paris.

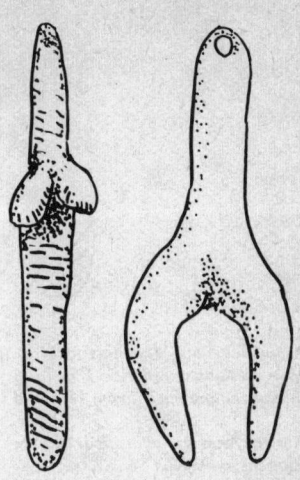

6 *Stabförmige Venusidole. Mammutelfenbein. Höhe 8,7 und 8,6 cm. Gravettien. Dolni*
Věstonice, Mähren, ČSSR, Moravski Museum, Brünn.

Im Gravettien von Dolni Věstonice, das nach Radiokarbonbestimmungen 24000 Jahre alt
ist, gibt es Venusfiguren in den verschiedensten Stadien der Abstraktion. Bei einigen wer-
den einzelne Merkmale der Fruchtbarkeit und Lebenskraft hervorgehoben.
  Unter den kleinen Kunstobjekten des mährischen Gravettien befinden sich unter an-
derem eine aus hartem Hämatit geschnitzte Venusfigur, Halsketten aus geschnitzten
Elfenbeinzylindern, Schneckengehäusen und Zähnen, bemerkenswerterweise aber auch
Plastiken aus gebranntem Ton sowie geschliffene Steine. Formen und Techniken einer viel
späteren, nicht mehr altsteinzeitlichen Kultur werden vorweggenommen.

lich gedeutet hat. Die Formen dieser Figur sind sehr übertrieben. Bei
all diesen Darstellungen handelt es sich nicht darum, porträthafte
Ähnlichkeit zu erzielen, sondern durch Überbetonung der sekundären
Geschlechtscharaktere die magische Wirkung der Idole zu verstärken.
  Eine andere bemerkenswerte Venus-Statuette ist die »Dame von
Sireuil« (Abb. 4). Am Torso fehlen der Kopf und die Hände; an der
Schulter befindet sich ein Rest des ursprünglich vorhandenen Haar-
schopfes. Die Figur ist aus transparentem Calcit gefertigt.
  Einen Gegensatz zu den schweren Mutteridolen der Aurignacien-
Plastik bildet die Venus von *Vibray* (Abb. 5), die dem Magdalénien an-
gehört und von der das Fleisch sozusagen abgefallen ist und ein Zug
zur Abstraktion vorherrscht.

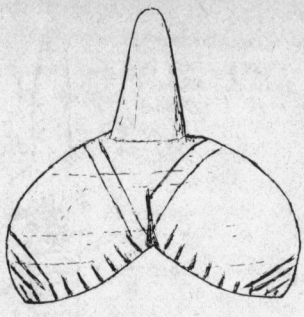

7 Anhänger aus Mammutelfenbein. Stilisierte Frauenbrüste. Breite ca. 4 cm. Gravettien. Dolni Věstonice, Mähren, ČSSR. Der dornartige Ausläufer ist mit einer Öse versehen. Nachzeichnung nach einem Lichtbild in J. Jelinek, Bilderlexikon.

Hier erscheint die Venusfigur auf ein einziges Merkmal reduziert, das man als Amulett, Wunschsymbol oder Fetisch trägt. Die kleine Plastik wirkt ›modern‹. Schon die unbewußte Natur kann in ihren Bildungen nicht ohne Symmetrie auskommen. Der Mensch erfährt ihre fördernde Rolle in seinem Sexualbewußtsein. Er stellt dar, was ihn lebhaft beschäftigt. Bereits sehr früh ist er im Besitz der Kunstmittel, mit deren Hilfe er die visuelle Komponente des unergründlichen Lebens, nämlich seine äußere Form, zu erfassen und nachzubilden sucht.

 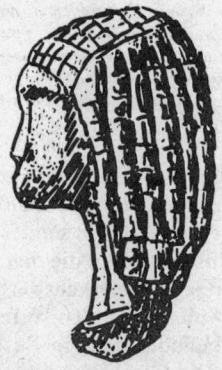

8 Frauenkopf mit langem frisiertem Haar. Elfenbein. Höhe 3,5 cm, Aurignacien. Grotte du Pape bei Brassempouy. Dép. Landes, Frankreich. Musée des Antiquités Nationales. St. Germain-en-Laye. Nach Piette.
  Berühmtes Bruchstück einer Statuette, die E. Piette entdeckte.

Aus dem Gravettien von Věstonice stammen 24000 Jahre alte stilisierte Venus-Idole aus Elfenbein (Abb. 6, 7). In einem Fall bleibt von der Naturform nur ein stabförmiges geometrisches Gebilde, bei dem ein einziges Geschlechtsmerkmal hervortritt. Auch die zweite Figur ist stark reduziert. Dies Nebeneinander von realistischer, naturnaher Bildhaftigkeit und von symbolhafter, abstrakter Darstellungsweise, wie sie allgemeiner erst bedeutend später bei frühbronzezeitlichen Venus-Idolen Anatoliens (vgl. Abb. 34) und bei den abstrakten Figuren der kykladischen Kultur (vgl. Abb. 33, 35) üblich wird, ist für das Paläolithikum bemerkenswert, aber nicht der einzige Fall. Von Anfang an scheinen die kontrastierenden Sehweisen späterer Kunststile bestanden zu haben. Schon der Steinzeitmensch verstand es, einmal das Gesehene realistisch wiederzugeben, ein andermal es einer Idee entsprechend zu vereinfachen, zu schematisieren, oder ein ihm wesentlich erscheinendes Element in den Vordergrund treten zu lassen.

Es gibt einen berühmten kleinen Frauenkopf aus Elfenbein, das Bruchstück einer Statuette, nur 3,5 cm hoch, aus der Grotte du Pape bei Brassempouy. Er trägt eine kapuzenartige Frisur, und die Gesichtszüge sind etwas stärker ausgearbeitet (Abb. 8). Es ist ein sehr frühes Stück, dem älteren Aurignacien zugeschrieben, mithin mindestens doppelt so alt wie die Kleinkunstwerke des mittleren und jüngeren Magdalénien. Dies reizende Kunstwerk wirkt sehr »modern«.

Tierdarstellungen

Neben den Erdmutter-Statuetten besitzen wir aus dem oberen Paläolithikum Europas, vor allem aus Südwest-Frankreich und aus Spanien, zahlreiche kleinplastische Arbeiten und gravierte Darstellungen von Tieren. Sie sollten den Erfolg der Jagd versichern und die Fruchtbarkeit beschwören. Der Mittelpunkt der Gedankenwelt des altsteinzeitlichen Jägers war zweifellos das Tier und die Darstellungen, die er von ihm gibt, sind sehr naturnahe. Jedes Tier erfaßt er in seiner natürlichen Haltung; es scheint zu leben und wirkt frei und ungezwungen. Dabei ist bewundernswert, wie er Schwierigkeiten, die die Form des Materials ihm auferlegt, überwindet. Er bearbeitete den harten Stein, Elfenbein, Rentierknochen und Horn. Von keiner Lehre oder Tradition belastet, wirkt diese Kunst urhaft und spontan, wie das Leben, das sie darstellt. Nichts Fremdes oder Störendes schiebt sich zwischen das Urbild und die sensitive Hand, die es wiedergibt.

29

Eine Rengeweihstange vom Abri Montastruc (Abb. 9), die als Speer-schleuder benutzt wurde, zeigt, wie die natürliche Wuchsform das Tierbild bestimmt. Hier galt es, ein Wildpferd, das sich im Sprunge befindet, figürlich in die leicht geknickte Form des Stabes einzubauen. Obgleich die Form des Geweihstabes nur wenig Spielraum bietet, er-scheinen die Positionen von Kopf und Hals, Vorder- und Hinterhänden völlig natürlich. Man hat nicht den Eindruck, daß irgend etwas das Tier in der Bewegung hemmt; es springt wirklich!

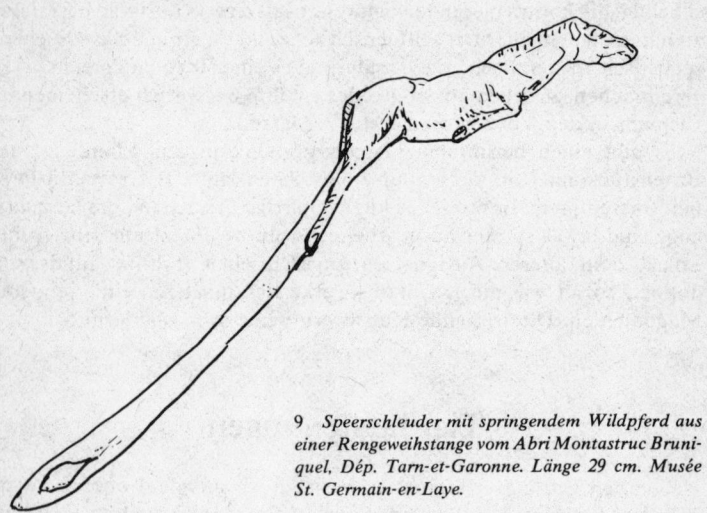

9   *Speerschleuder mit springendem Wildpferd aus einer Rengeweihstange vom Abri Montastruc Bruni-quel, Dép. Tarn-et-Garonne. Länge 29 cm. Musée St. Germain-en-Laye.*

So wurde eine plastische Idee der Naturform angepaßt. Oder gab vielleicht umgekehrt die natürliche Form des Stabes dem geschickten Jäger den Anlaß für die Konzeption der plastischen Idee? Immer re-spektiert der Altsteinzeitler die Gestalt des Materials; er ändert wenig. Das schöne Elfenbeinpferdchen von Les Espelugues steht in gespann-ter, witternder Haltung. Auch hier ist der Effekt, wie bei der oben be-schriebenen Geweihstange von Montastruc, zum Teil das Resultat der durch den Werkstoff aufgezwungenen Form (Abb. 10). Aber der Schnitzer hat sein Bildmotiv so zu gestalten verstanden, als ob es völlig frei geschaffen worden sei.

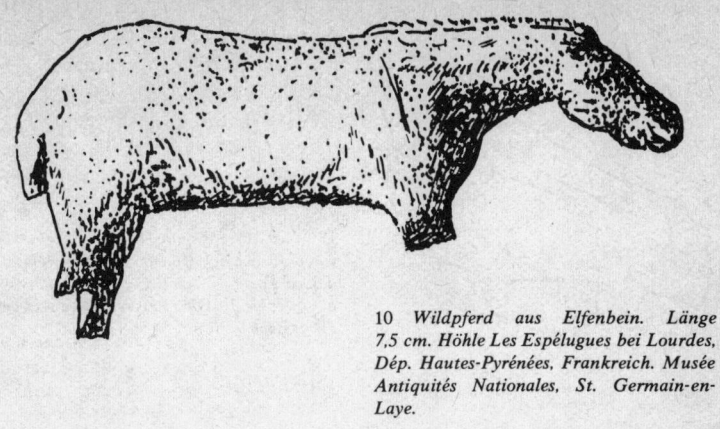

10 *Wildpferd aus Elfenbein. Länge 7,5 cm. Höhle Les Espélugues bei Lourdes, Dép. Hautes-Pyrénées, Frankreich. Musée Antiquités Nationales, St. Germain-en-Laye.*

11 *Kopf eines wiehernden Pferdes aus Rentiergeweih. Länge 5,5 cm. Magdalénien. Les Mas d'Azil, Dép. Ariège, Frankreich. Musée Antiquités Nationales, St. Germain-en-Laye.*

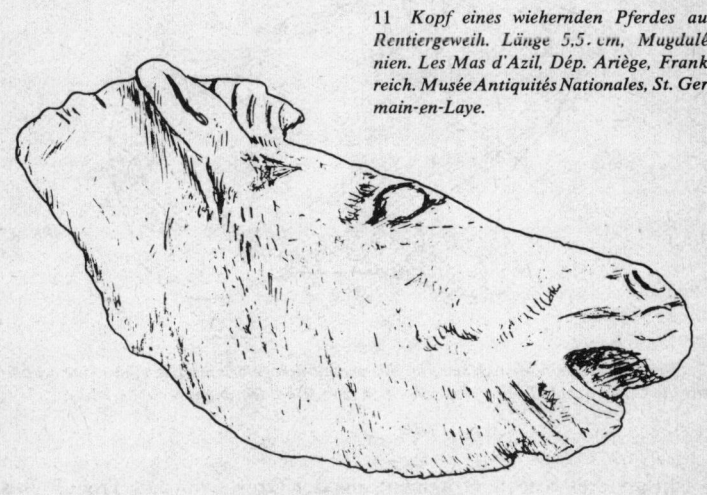

Bei einem kleinen aus Rentiergeweih geschnitzten Pferdekopf von Les Mas d'Azil (Abb. 11) erreicht die Kunst des Schnitzers höchste Vollendung. Diese aus dem Magdalénien stammende Plastik kann den Vergleich mit einem frühgriechischen Hochrelief wohl aufnehmen.

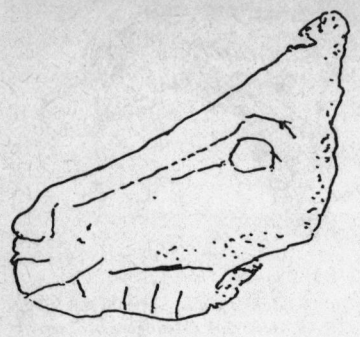

12 *Der Cro-Magnon-Mensch sieht in einem Knochenfragment einen Pferdekopf, dessen Form er durch Gravierung hervorhebt. Höhle Les Trois Frères, Dép. Ariège, Frankreich.*

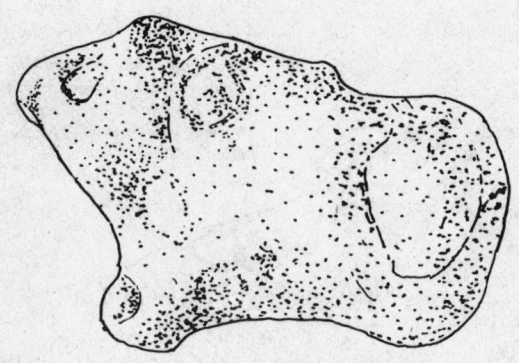

13 *Der Cro-Magnon-Mensch sieht in einem natürlich geformten Kiesel aus einem Flußbett die Gestalt eines Tieres. Museum Les Eyzies, Dép. Dordogne, Frankreich.*

Ein anderes Knochenfragment aus der Grotte von Les Trois Frères (Dep. Ariège), in welchem ein Cro-Magnon-Jäger einen Pferdekopf erkennt, ist weit primitiver, aber dennoch elegant: Einige geschickt angebrachte Ritzungen genügen hier, um die plastische Wirkung zu erzielen (Abb. 12).

Noch mehr als die menschliche Magie kommt die der Natur zu Worte bei einem abgerollten Kiesel aus einem Flußbett, der sich im

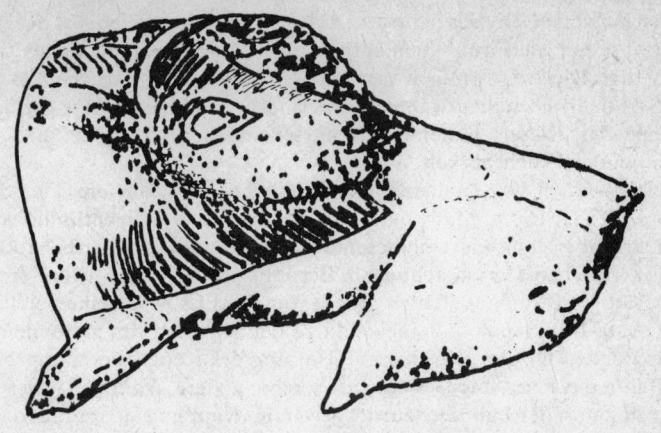

14 Nach rückwärts blickender Bison aus Rentiergeweih. Länge 10,2 cm. Magdalénien.
Abri La Madeleine bei Tursac, Dép. Dordogne, Frankreich. Musée des Antiquités Nationales. St. Germain-en-Laye.

15 Rengeweihstab,
graviert mit Rentieren,
Lachsen und
Rhomboiden. Länge
24,5 cm. Magdalénien.
Höhle von Lorthet, Dép.
Hautes-Pyrenées,
Frankreich. Musée des
Antiquités Nationales,
St. Germain-en-Laye.

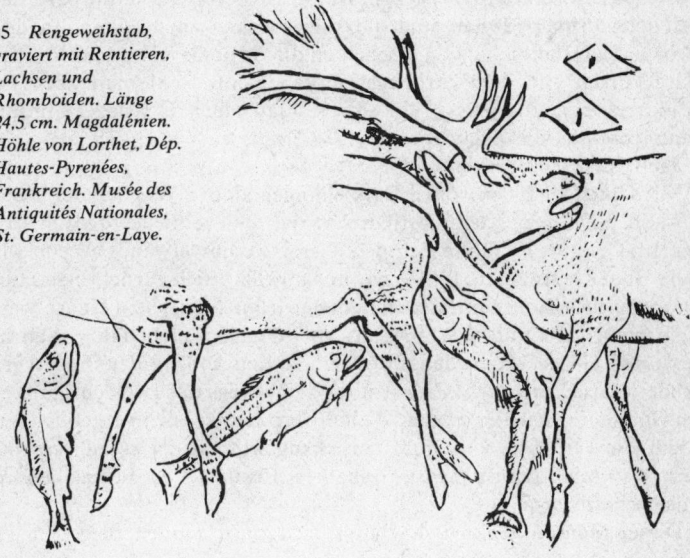

Museum von Les Eyzies befindet (Abb. 13). Der Steinzeitjäger, der den Kiesel seiner Tierform wegen aufhob und schätzte, hat gar nichts hinzugefügt. Die kreisförmigen Vertiefungen waren auf natürlichem Wege entstanden und haben wahrscheinlich in den Augen des Finders die Magie des Kiesels gesteigert. Wahrscheinlich erschien er ihm als Symbol der Fruchtbarkeit.

Gelegentlich begegnet uns eine Darstellung, bei der ein Tier den Kopf zurückwendet. Man nennt dies Inversion. Diese Eigentümlichkeit hat lang überlebt und ist ein besonderes Merkmal der später behandelten skythischen Tierdarstellungen. Berühmt ist der kleine, leider etwas beschädigte Bison aus Rentiergeweih vom Abri La Madeleine bei Tursac (Abb. 14). Man könnte meinen, daß der Schnitzer des monumental anmutenden Objekts die spezielle Haltung des Kopfes bevorzugt hat, weil ihm die Form des Geweihstücks keine andere Wahl ließ. Dies ist jedoch kaum der Fall. Der zurückgewandte Kopf ist eine im Magdalénien nicht selten vorkommende Konvention. Man sieht dies auch auf einem Stab aus Rentiergeweih aus der Höhle von Lortet, einer wunderschönen Ritzzeichnung, von der leider nur ein Teil erhalten ist (Abb. 15).

Auf dem Stab sind Rentiere dargestellt zusammen mit schwimmenden Lachsen. Außerdem sieht man im Bildfeld zwei rautenförmige Vulvazeichen, also Fruchtbarkeitssymbole. Die Fische verkörpern das weibliche Prinzip. Ihnen sind die Vulvazeichen zuzuordnen. In den meisten Veröffentlichungen erscheinen die Symbole *über* dem Rentier (oder Hirsch) mit dem zurückgewandten Kopf. Rollt man aber die zylindrische Rentierstange ab, so wie man einen Rollsiegel abrollt, dann kommen die Zeichen *neben die Fische* zu liegen, wie sie wohl gedacht sind (vgl. die Abb. 16).

Mit seinen eindrucksvollen Darstellungen an den Wänden der Höhlen und mit seiner Kleinplastik schuf der steinzeitliche Mensch den ersten »Tierstil«. Er fühlte sich den Tieren wesensverwandt. Wenn wir diese Bilder betrachten, fühlen wir uns unwillkürlich zurückversetzt in ein magisches Zwischenreich, in dem der frühe Mensch zu Hause war, nicht mehr ganz unbewußte Natur, aber dennoch nicht fähig, sich in bewußten Gegensatz zu den Objekten, zu den Dingen der ihn umgebenden Natur, zu setzen. Er war noch keineswegs das zweideutige Wesen von heute, welches, zweien Welten verpflichtet, sich vergeblich bemüht, die verlorene Unschuld zurückzugewinnen. Ist es zu verwundern, daß seine Kunst nichts Gesuchtes, Erkünsteltes, Bedrückendes an sich hatte?

Dieser Mensch denkt nicht daran, sich einen Namen zu geben. In

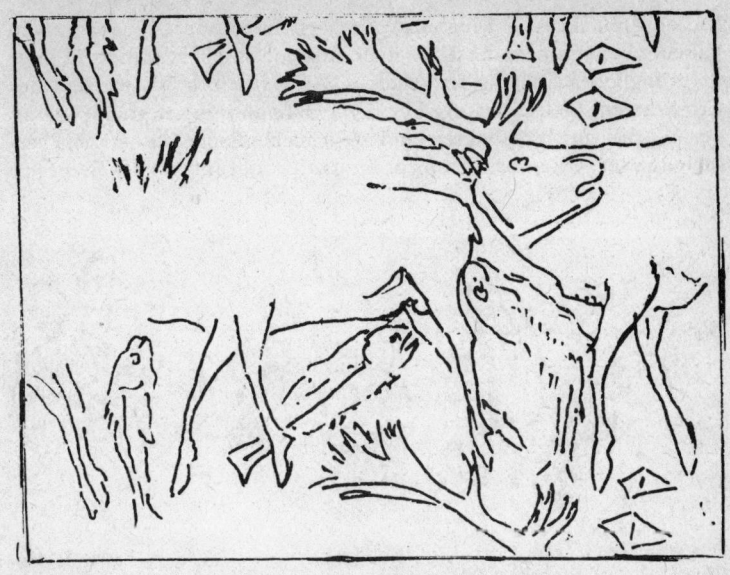

16 *Abrollung des Geweihstabes der Abb. 15.*

den wenigen Bildern, wo er sich selber darstellt, deutet er sein Gesicht nur an; manchmal wirkt es wie eine Karikatur; manchmal trägt es die Maske eines Tieres. Wenn es diese trägt, so dient sie magischen Zwekken. Die Maske unserer Zeit, die Maske, hinter der man sich verbirgt, gab es noch nicht.

Um so erstaunlicher ist es, daß eigentlich alle Grundelemente künstlerischer Darstellung schon in dieser frühesten Phase vorkommen. Muster geometrischer Art, Reihungen und rhythmische Anordnungen untereinander verschiedener Elemente lassen den Verdacht aufkommen, daß neben der magischen Funktion eines Ornaments die rein ästhetische, die Absicht des Schmuckes um des Schmückens willen, schon eine Rolle spielt.

In Labastide hat man 18 aus einer dünnen Knochenplatte gesägte und fein gravierte Steinbockköpfchen gefunden, je 5 cm lang. In Arudy Wildpferdköpfchen aus Rengeweihplättchen. Sie alle waren durchbohrt und konnten folglich als Amulette getragen werden, aber vielleicht waren sie auch Teile eines Kolliers. In Barma Grande, Italien, hat eine Lehmschicht die Teile eines altsteinzeitlichen Kolliers in ihrer ursprünglichen Stellung festgehalten (Abb. 17). Wir wissen, daß der Cro-Magnon-Mensch häufig Eckzähne der von ihm erlegten Tiere an der Wurzel zu durchbohren und zu tragen pflegte. Mineralien verschiedenster Art, selbst Fossilien, die Durchbohrungen aufweisen, hat

17 Halsschmuck. Länge des gezeigten Teils 15 cm. Oberes Paläolithikum. Barma Grande, Grimaldi, Italien. Fischwirbel, Schalen von Nassa nerita und Hirsch-Grandeln (obere Eckzähne des Rotwilds) in rhythmischer Anordnung. Nach Verneau.

18 Altsteinzeitlicher geritzter großer Knochenanhänger mit Reihungsdekor. Lalinde, Dép. Dordogne, Frankreich. Nachzeichnung.

man an anderen Orten gefunden. Der Halsschmuck von Barma Grande — wir dürfen ihn so nennen — besteht aus Fischwirbeln, Schalen der Nassa nerita und Hirsch-Grandeln (obere Eckzähne des Rotwilds). In der rhythmischen Anordnung dreier biologischer Formen tritt das Prinzip der Reihung, das fortan in der Ornamentik so bedeutungsvoll werden wird, klar hervor. So entstand ein organisch wirkendes Ganzes, dessen einzelne Formelemente in geschickter Weise miteinander verknüpft wurden. Die Substanz dieses Zierats ist magischer Natur; in ästhetischer Beziehung aber ist das Schmuckstück ganz modern.

Ein Besitzer leuchtender Kleinodien, wertvoller antiker Gemmen oder griechischen und Renaissance-Goldschmucks mag über das bescheidene Kollier von Barma Grande lächeln. Aber für den, in dessen Grab es gefunden wurde, war es das Köstlichste, das sich in Kleinformat besitzen läßt: der Inbegriff *seiner* Wunderwelt.

Eine weitere Gruppe altsteinzeitlicher Objekte tragen rein geometrische Muster (Abb. 18). Bei ihnen tritt der magische Zweck — falls vorhanden — völlig hinter der Ornamentik zurück. Aus Arudy, Isturitz, Lespugue und Lourdes kommen rätselhafte Knochenstäbchen mit eingeschnitzten Schnörkeln verschiedener Art. Das Ost-Gravettien von Předmost (Mähren) lieferte einen fischförmigen Elfenbeinanhänger mit eingeritzten konzentrischen Kreisen und parallelen Linien. Weitere mit geometrischen Ritzverzierungen geschmückte Knochenanhänger wurden im unteren Magdalénien von Marsoulas (Dep. Haute-Garonne, Frankreich) gefunden.

Die Eiszeitkunst ist vital, weder zeitgebunden noch von der Geschichte belastet. Sie ist wie ein glücklicher Beginn, der neben der naturnahen Einzeldarstellung schon die Ansätze zu abstrakter Ornamentierung kennt. Aber der Mensch war erst am Anfang seiner Laufbahn und kulturellen Entwicklung. Seine eigentliche »Geschichte« hatte noch nicht begonnen. Erst sie machte seine Bestimmung deutlich: ein Pseudomagier zu sein wie Faust und gleichzeitig ein erfindungsreicher Odysseus ...

Das einmal Erreichte ging jedoch nicht verloren. Der Sammler, den die Kunst der alten Jäger begeistert und der findet, daß sich wenig davon durch den Handel erwerben läßt, braucht dennoch nicht zu verzagen. Der Geist der älteren Steinzeit und die damit verbundene Kunst halten nämlich lange vor, so lange, wie das Jägertum, das Erlebnis des Tieres und sein Kult die Szene beherrschen. Selbst der Übergang zu Ackerbau, Dorf- und Stadtkultur bedeutete kein abruptes Ende der magischen und mythischen Denkweise. Und so überrascht es nicht, daß noch auf mesopotamischen und iranischen Stempelsiegeln der Frühzeit (vgl. S. 60/61) Darstellungen von Menschen und Tieren zu finden sind, die sehr an das altsteinzeitliche Jägertum erinnern. Die hier abgebildete vollrunde kleine Elfenbeinfigur eines Löwen (Abb. 19, 20), die kürzlich in Syrien gefunden wurde, erinnert an Archaisches aus Mesopotamien oder Ägypten. Sie zeigt, daß das Alte lange am Leben bleibt.

19 Löwe. Elfenbein. Höhe 4,1 cm, Länge 4,3 cm. Herkunft: Syrien; drei Bohrlöcher in der Mundgegend; in einem befinden sich die Reste einer Einlage aus Calcit.

20 Wie Abb. 19; eine andere Ansicht.

Die Wiedergabe der Naturform und die Abstraktion

Woher rühren unsere zeitgenössischen Kunststile, über die so viel diskutiert und argumentiert worden ist? Die Formen der ältesten Kunst, speziell der Kleinkunst, geben die Antwort: Sie sind nicht erdacht worden. Sie waren von Anbeginn nebeneinander da. Anschauungsbild und geometrisch-abstrakte Muster: Zu beiden lieferte die Natur die Vorbilder. Der Urzeit-Mensch wußte von Kugel und Kreis, von den Reihungen in den Mustern auf Schneckengehäusen und Schmetterlingsflügeln und Wasserwogen. Symmetrien und kompliziertere Muster begegneten dem Menschen überall; er sah die Eiskristalle und die Spinne, die ihr Netz fertigte, ohne daß sie etwas davon wußte. Die Herstellung symmetrisch geformter, also ornamental wirkender Werkzeuge ging den naturnahen Anschauungsbildern lebender Tiere in der paläolithischen Kunst voraus. Man vereinfachte aber auch die organischen Formen, schematisierte, stilisierte sie oder reduzierte sie zu bloßen Zeichen. Man stellte die Form symbolisch dar; naturnahe nur, wenn man dachte, daß sie, um der magischen Wirkung willen, auch erkennbar sein müßte. Am Ende der Altsteinzeitkunst verdrängt wiederum das zeichenhafte Symbol, das Denkbild, die naturgetreue Wiedergabe. Ein Nebeneinander von geometrischer Darstellung und lebensnaher Naturform kommt aber zu allen Zeiten immer wieder vor. Da geometrische Muster sich leichter ergeben, gehen sie oft den komplizierten Darstellungen von Tieren und Menschen voraus. Dafür gibt es zahlreiche Beispiele, etwa bei den Roll- und Stempelsiegeln der Sumerer, den Goldgewichten der Ashanti (vgl. Schädler, Afrikanische Kunst, Heyne-Antiquitäten-Buch 4454), besonders eindringlich aber bei der geometrischen Kunst der Griechen.

In den Formen der antiken Kleinkunst begegnen einem immer wieder Entwicklungen, wobei sich die Darstellung entweder vom Geometrischen zur naturnahen, organischen Form hin bewegt, oder, umgekehrt, eine organische Lebensform ihrer sinnesnahen Attribute entkleidet wird, bis das geometrische Gerüst überwiegt. Beim Vergleich der alten und der neuen Kunstformen ist das Wissen um diese Gesetzmäßigkeiten von Nutzen. Sie überzeugen uns von den zu allen Zeiten maßgebenden grundsätzlichen Übereinstimmungen in der Natur des Menschen.

Die *Reihung* ist ein grundlegendes, dabei sehr einfaches, geometrisches Muster. Schon die oben genannte Halskette von Barma Grande, aber auch die Knochenanhänger und Spatel aus dem Magdalénien zeigen sie. Reihung ist die regelmäßige, in gleichen Abständen erfolgende Wiederholung eines Motivs.

Die neolithische Keramik weist ungezählte Reihungsmuster auf, die eingestempelt, später eingeritzt oder aufgemalt wurden. Geometrische Muster sowohl wie figurale Friese verlaufen als endloses Band um die verschiedensten Gefäßformen und mögen oft, neben dem bloßen Zweck der Verzierung, symbolischen Charakter gehabt haben. Drei Beispiele vom 5. bis 2. Jahrhundert v. Chr. geben die Abb. 21—23. Ein Vergleich mit einem Motiv von den Salomonen (Abb. 24) zeigt, daß sich das Prinzip bis heute nicht geändert hat. Die auf einem runden Gefäß angebrachte Reihung ist ein Fries, der keinen Anfang und kein Ende besitzt. Er kann leicht angebracht werden, indem man ein walzenförmiges Objekt, auf dem ein Muster vertieft oder erhöht angebracht wurde, auf der zu dekorierenden Fläche, meist weichem Ton, abrollt. Das Rollsiegel, das im Vorderen Orient über Jahrtausende eine außerordentlich wichtige Rolle spielte, beruht auf diesem Prinzip. Es produziert eine in sich zusammenhängende Reihung (Abb. 25). Vielleicht wurde seine Erfindung durch die Erfahrung mit keramischem Dekor angeregt.

21 *Gemalte Keramik von Tepe Sialk, südl. von Teheran. 4. Jahrtausend v. Chr. Archäol. Museum, Teheran.*

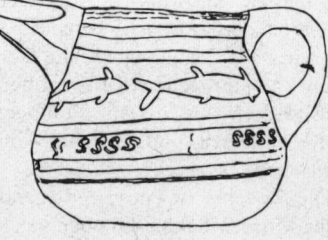

22 *Schnabelkännchen mit Fischdekor. Frühester Kamares-Stil. Höhe 10,5 cm. Mittelminoisch I, um 2000 v. Chr. Aus Vassiliki, Ostkreta. Nach Marinatos/Hirmer.*

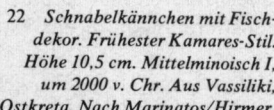

23 *Iranisch-Sialk, oben: Samarra-Keramik, Reihenmotiv mit ›Tänzerinnen‹, gebrannter Ton, 5. Jahrtausend v. Chr. Nach
Parrot; links: Mesopotamisch-Hassuna,
Gefäßhals mit einem Gesicht und Reihen-
muster, gebrannter Ton, 5. Jahrtausend
v. Chr. Bagdad, Iraq Museum.*

Gar nicht selten findet der Sammler auf einem kleinen Kunstgegen-
stand einen Fries, den er sich nicht recht erklären kann. Das geometrische Linienmuster, bestehend aus einzelnen sich wiederholenden Elementen, scheint rein aus der Abstraktion zu kommen, ein Produkt der
Phantasie. Daß dem nicht so ist, findet er heraus, wenn er den Anfang
und das Ende der temporalen Entwicklungsreihe kennenlernt. Da entdeckt er, daß der Fries zum Beispiel mit einer Reihung sehr naturnaher
Froschfiguren begonnen hatte, aber nach vielen Wiederholungen als
ein griechischer Mäander endete. Ähnliches geschieht tanzenden Figu-

24 *Tänzerreihe, Schnitzerei aus Tridacna-Muschel, Choiseul-Insel, Salomonen; Museum
f. Völkerkunde, Basel. Nach Lommel, Motiv und Variation, 1962.*

41

25   Oben: *Mesopotamisches Rollsiegel mit geometrischem Dekor. Calcit. Höhe 20 mm, Durchmesser 16 mm. Djemdet-Nasr-Periode (3300—3000 v. Chr.). Unten: Der zusammenhängende Fries magischer ›Augen‹, der beim Rollen des Siegels über weichen Ton entsteht.*

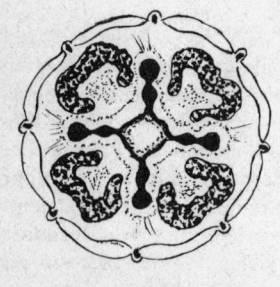

26   Symmetrie in der Natur und in der Kunst:

Oben: Eine zu den Semaeostomeae *gehörige Quallenart. Gezeichnet nach Ernst Haeckel, Kunstformen der Natur. 1904. Unten: Samarra-Keramik. Schale. 5. Jahrtausend v. Chr. Zeichnung nach Parrot, Sumer.*

Der Sinn für Symmetrie ist etwas in der Natur Gegebenes. Er beherrscht die Morphogenese (= Formentwicklung). Hier manifestiert er sich gleichermaßen bei einer Qualle und im Dekor einer Schale aus Samarra. Bei der Qualle ist das organische Muster das Resultat unbewußter biologischer Faktoren, die wissenschaftlich noch nicht ergründet sind. Bei der Schale aus Samarra hat der mesopotamische Künstler aus sich heraus eine ähnlich schöne Komposition ohne Kenntnis des natürlichen Schwesterbildes gestaltet.

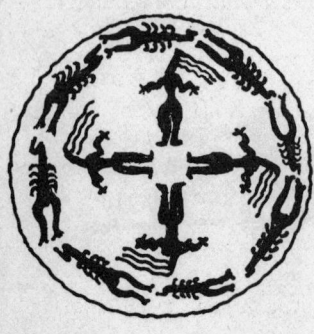

ren. Der Prozeß kann aber auch umgekehrt verlaufen, d. h. mit einer geometrischen Reihung beginnen, deren Elemente allmählich zu Naturformen werden.

Auf einer Töpferware des nördlichen Mesopotamiens (Hassuna, Samarra, 5. Jahrtausend v. Chr.), die eine sehr frühe Stufe darstellt, finden sich auf den Gefäßen rein geometrische Linienmuster, Systeme von Winkeln, Zickzacks, Treppen und Mäandern. Dann ergeben sich Quadrate, Rechtecke und Rauten. Später erscheinen Pflanzen und Tiere und Menschen, die dann wieder einen stilistischen Reduktions-

27 *Knopfförmiges Stempelsiegel
mit Öse. Schwarzgrauer Steatit.
Durchmesser 31 mm.
4. Jahrtausend v. Chr.
Mesopotamisch.*

prozeß durchmachen, um am Ende zu rein geometrischen Motiven zu werden.

Auf einer bezaubernden Schale aus Samarra (Abb. 26) erkennen wir zwei konzentrisch angeordnete Kreise von Frauen und Skorpionen, die sich in rotierender Bewegung befinden, die Skorpione im Sinne des Uhrzeigers, die Frauen im entgegengesetzten Sinne. Man sieht ihre wehenden Haare.

Lange vor der Entdeckung dieser Schale hat der Zoologe Ernst Haeckel eine Meduse gezeichnet, die die gleichen komplizierten Symmetrieverhältnisse wie das Muster von Frauen und Skorpionen auf der Samarra-Schale aufweist. Der Samarra-Meister, der das Muster auf die Schale zeichnete, konnte es nicht der Natur abgesehen haben. Es war in ihm. Die Form der Qualle ist eine notwendige Entwicklung, die auf ihrer Feinstruktur oder einem formbildenden Prinzip in der lebenden Substanz beruht. Der menschliche Formensinn und die Kunst, in der dieser sich äußert, haben analoge Grundlagen.

Noch ein weiteres Beispiel möge an dieser Stelle zeigen, wie ein einfaches, aber typisches geometrisches Motiv sich über Jahrtausende erhält, bzw. in der gleichen Weise unabhängig an verschiedenen Stellen entsteht. Dem Sammler mesopotamischer Stempelsiegel des 4. bis 3. Jahrtausends v. Chr. fällt nicht selten ein Motiv auf, das in einem Kreise zwei sich senkrecht kreuzende Diagonalen zeigt, die das Ganze in vier Quadrate aufteilen (Abb. 27). Das gleiche Motiv sieht man auf einer bemalten Pyxis aus Ton (runde Dose mit Deckel für Kosmetika

28   *Bemalte Tonpyxis von Syros (Kykladen). 3. Jahrtausend v. Chr. Höhe 5,5 cm. Nationalmuseum Athen.*
    Der geometrische Dekor leitet sich ab von dem der früheren Stempelsiegel (Abb. 27) Mesopotamiens (Obeid bis Djemdet Nasr) und mag seinerseits die spätere griechisch-geometrische Kunst beeinflußt haben.

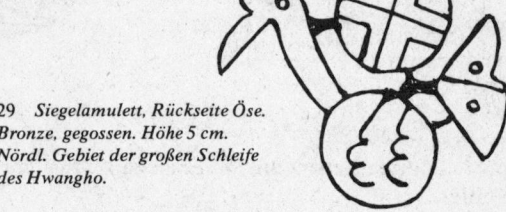

29   *Siegelamulett, Rückseite Öse. Bronze, gegossen. Höhe 5 cm. Nördl. Gebiet der großen Schleife des Hwangho.*

oder Schmuck), die aus Syros (Kykladen) stammt (Abb. 28). Wir finden das Motiv an einer Stelle wieder, wo wir es gar nicht vermuten, nämlich auf einem bronzenen Siegelamulett (Abb. 29), aus dem nördlichen Gebiet der großen Schleife des Hwangho (»Gelber Fluß«) Nord-Chinas. Solche Amulette pflegt man den Ongüt zuzuschreiben, nestorianischen Christen, die im 13. Jh. in dieser Region seßhaft waren. So entstehen immer wieder unabhängig von Zeit und Raum die gleichen Grundformen und Muster.

Nachpaläolithische Kleinkunst

Die Kleinkunst der alten Steinzeitjäger hatte einen einheitlichen Charakter. Wie die Kultur, die sie hervorgebracht hat, hing sie ab von der Gegenwart des Großwilds. Um 8300 v. Chr. ging die pleistozäne Eisdecke zurück. Die Renherden wanderten nach Norden ab. Das Jägertum überlebte nur in Rudimenten. Im Nahen und Mittleren Osten blieb mit einer Trockenperiode das Klima günstig. An vielen Stellen folgten auf die Jäger nomadisierende Mesolithiker (Mesolithikum = Mittlere Steinzeit). Sie fertigten *Mikrolithen*. Dies sind kleine, scharfkantige Steinwerkzeuge, die man in gekerbte Halter aus Horn, Knochen oder Holz faßte. Sie waren geeignet für die neue Lebensweise, die sich auf Fischfang, Sammeln von Muscheln und Wildpflanzen beschränkte. Die mesolithische Landschaft war keine, wo Milch und Honig fließt. Die Gründe für die künstlerische Verarmung waren nicht ideologisch, sie waren rein materiell. Für einen Sammler sind die Mikrolithen die einzige und beste Leistung des Mesolithikums. Sie sind in Mengen in den Museen zu sehen, und gelegentlich kann man sie im Handel erwerben. Immerhin besaßen die bescheidenen Fischer des Mesolithikum zumindest eine originale Form, nämlich das zusammengesetzte Steinwerkzeug, bei dem geometrisch geformte Mikrolithen Kante an Kante in dem Handgriff befestigt wurden (Abb. 30).

Im Norden dauerte das Mesolithikum ca. 4000, im Nahen Osten nur ca. 2000 Jahre. Es wurde abgelöst durch das Neolithikum (Jüngere Steinzeit), eine höchst revolutionäre Epoche. Der Mensch wurde seßhaft, kultivierte Pflanzen, züchtete Vieh, gründete die ersten Dörfer und Städte. Der Name Steinzeit ist etwas irreführend, denn es geschah bedeutend mehr als nur eine Verbesserung und Verschönerung des steinernen Werkzeugs, das man schliff und technisch vollendete (Abb. 31). Im Verlauf dieser Periode wird die *Töpferei* erfunden: Man *modelliert* in Ton. Schon zwischen 5000 und 4000 v. Chr. erfolgen auch die ersten Trennungen des *Metalls* vom Muttergestein: Gegen Ende der Jüngeren Steinzeit gießt man es in Formen (Chalkolithikum = Kupfersteinzeit). Man stempelt mit Siegeln. Man erfindet die Siegelwalze und rollt sie über den weichen Ton. Das Rad dient der schnelleren mechanisierten Vorwärtsbewegung. Durch Ackerbau und Viehzucht und Handel wird man wohlhabend. Man bewegt Massen, baut im Großen. Man organisiert das engere Zusammenleben der Menschen. Mit der Entdeckung neuerer Materialien und Arbeitsmethoden und der fortschreitenden gesellschaftlichen und religiösen Differenzie-

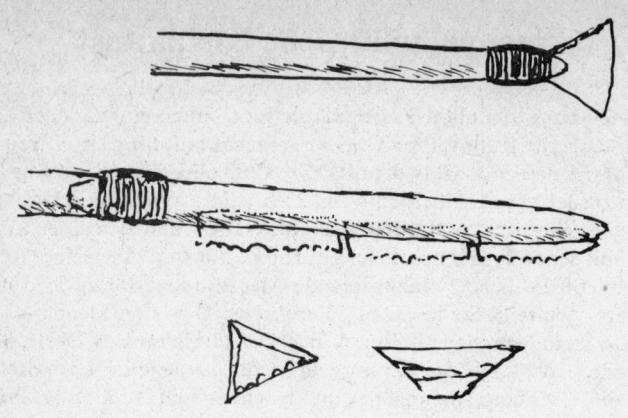

30   *Mikrolithen des Mesolithikums (Mittlere Steinzeit).*

rung erweitert sich das Repertoire der Kleinkunst ungeheuer. Zum Teil wurden die von der älteren Steinzeit her überlieferten Formen weiter fortgeführt, zum Teil viele neue hinzugefügt.

Fast alle für die Zivilisationen der Antike maßgebenden Erfindungen werden vor 3500 v. Chr. im Vorderen Orient gemacht. Der Einfluß dieser dynamischen Kultur breitet sich allmählich aus nach Norden,

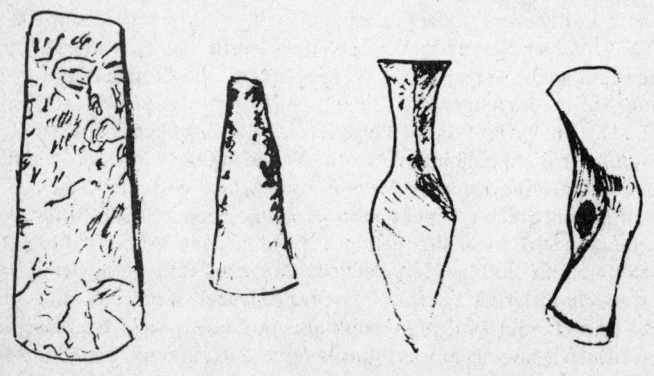

31   *Geräte und Waffen der Jüngeren Steinzeit aus Norddeutschland.*

denn Teile der neolithischen Bevölkerung, die auf verschiedenen Routen nach Europa dringen, finden dort kaum Widerstand bei den dünngesäten mesolithischen Gruppen. Und im Mittelmeer erscheinen zwei wichtige kulturelle Zentren, das eine auf der Iberischen Halbinsel, das andere auf den Ägäischen Inseln, vor allem Kreta. Am Rande der mesopotamischen und ägyptischen Hochkulturen entwickelt sich hier die minoisch-mykenische Zivilisation, deren künstlerische Formen und geistiger Elan sich später auf die klassisch-griechische Welt und indirekt auf die römische übertrugen. Betrachten wir die wunderbaren Kleinkunstformen dieser Bereiche genauer und beginnen wir mit den neolithischen Werkzeugen (Abb. 31).

Zahlreiche Sammler besitzen den einen oder anderen Oberflächenfund, und wenn das nicht der Fall sein sollte, bietet sich sicher früher oder später die Gelegenheit, typische Formen im Handel zu erwerben. Da gibt es Messer und Schaber, Dolche, Pfeil- und Speerspitzen aus Flint, oder Beile und Streitäxte aus Granit oder Grauwacke. Die Feuersteinwerkzeuge haben attraktive Formen, oft glänzen sie infolge des Schliffs und der Politur, die man mittels Schleifstein erzeugte. Auch diese finden sich nicht gar zu selten. Die Streitäxte haben oft ein zentrales Schaftloch. Mit Steinbeilen rückte man den wachsenden Wäldern zu Leibe, und mit den Meißeln, die ebenfalls scharfkantig waren, bearbeitete man das Holz. Sichel- oder Säbelmesser wiesen gewöhnlich feine Retuschierung auf. Nadeln, Angelhaken und Harpunen waren aus Holz. Schön aussehende Waffen, die gefährlich sind, haben seit jeher Liebhaber gefunden, und gelegentlich finden sich Prunkstücke, die nur für kultische Zwecke hergestellt wurden.

Keramik

Die bedeutendste Erfindung der jüngeren Steinzeit war die Keramik. Das frühe Neolithikum besaß sie nicht (prä- oder akeramisches N.). Der Gefäßkeramik voraus gingen zunächst figürliche Darstellungen. So finden sich bereits im frühen Neolithikum des Balkans und der Donauländer weibliche Tonstatuetten, die als Erdmutterdarstellungen im Sinne der altsteinzeitlichen aufzufassen sind. Sie können von diesen jedoch leicht unterschieden werden aufgrund der starken Stilisierung. Sie lassen sich genetisch von den gleich zu besprechenden kykladischen Marmoridolen ableiten, die wiederum von denen abhängen, die in Anatolien geschaffen wurden.

Auf die sehr umfangreiche Gefäßkeramik hier im einzelnen einzugehen, ist nicht möglich. Für den Archäologen ist sie unentbehrlich, da er die Bestimmung der verschiedenen Horizonte der Ausgrabung an Hand des Dekors und der chemischen Zusammensetzung der Scherben, die er findet, vornimmt. Tonscherben sind Leitfossilien der archäologischen Wissenschaft. Auch Sammler schätzen sie, und es ist einigermaßen aufregend, ein Gefäß aus vielen einzelnen Scherben wieder erstehen zu sehen. Die dabei aufgebrachte Geduld zahlt sich aus.

Idole

Die neolithische Kleinkunst ist reich an Idolen. Stilistisch weichen sie beträchtlich voneinander ab, aber die Idee, die sie vertreten, bleibt die gleiche. Meist handelt es sich wiederum um Statuetten der Magna Mater, der namenlosen Muttergöttin (Abb. 32). Der Neolithiker beschäftigte sich offenbar intensiver mit Gedanken an den Tod und die chthonischen Mächte als der Altsteinzeitmensch, der sich wahrscheinlich weniger vom Unbekannten ausgeschlossen fühlte. Er verließ sich auf die Wirksamkeit persönlicher Magie in hohem Grade. Der Neolithiker suchte beständig Kontakt mit Gottheiten, die einerseits Zeugung und Geburt, andererseits den schrecklichen chthonischen Aspekt der

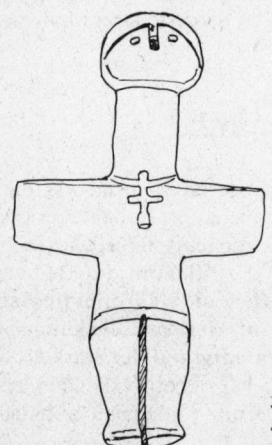

32 Idol. Steatit. Anfang des 3. Jahrtausends v. Chr. Zypern. Cyprus Museum, Nicosia.

Unterwelt verkörperten. Man stellte sie dar in bildlicher Form, und daneben erging man sich in Riten schöpferischer Ekstase oder akkumulierten Terrors, um mit dem Unbekannten ins reine zu kommen. Im gefühlsbetonteren Mittelmeerbereich zeugen noch die späteren griechischen Mysterien von dieser Haltung. Die Magna Mater-Statuetten des Ostens und der davon beeinflußten Regionen haben etwas Dämonisches und Endgültiges an sich. Wie keine andere Darstellung geben sie der vieldeutigsten aller menschlichen Bindungen alterslosen Ausdruck. Nur scheinbar löst sich die Kreatur durch die Geburt vom Schoß der Erdgöttin; alles, was lebt, bleibt ihr in Freud und Leid gefühlsverbunden und sehnt sich aus seiner vereinzelten Existenz nach der Geborgenheit des Urseins.

Auch im Neolithikum gibt es zwei Typen von Erdmutterstatuetten oder Muttergöttinnen: Fettleibige und stark stilisierte, schlanke. Zu den letzteren gehören die berühmten kykladischen Marmoridole, die sich bei Sammlern größter Beliebtheit erfreuen. Kleine Gruppen solcher Idole, unter denen sich nicht selten männliche Musikanten befinden, die die Doppelflöte, Hirtenflöte oder Harfe spielen, werden im Kunsthandel angeboten. Man nimmt an, daß die Musikanten die Ver-

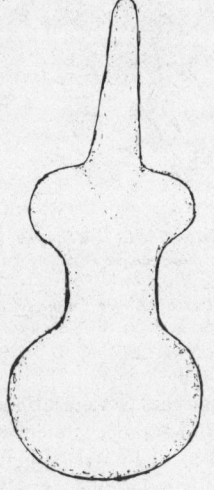

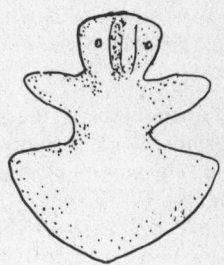

34   *Idol. Marmor. Höhe 5,5 cm. Um 3000 v. Chr. Square Temple, Tell Ashmar bei Bagdad. Oriental Institute, Chicago. Gez. nach H. Frankfort.*

Die Schematisierung des menschlichen Körpers als taillierte Achter- oder Violinform war sehr beliebt. Natürliche Steine, die, vom Meer oder Fluß angespült, diese Form hatten, schätzte man als Amulette.

33   *Violinförmiges Idol. Marmor. Höhe 13 cm. 3. Jahrtausend v. Chr. Kykladen.*

storbenen begleiten sollten. Die Idole, wenige Zentimeter bis fast zu einem Meter hoch, haben oft die Form einer Violine (Abb. 33). Sie leiten sich ab von älteren Idolen aus Mesopotamien (Abb. 34) und Anatolien. Trotz der durchgehenden Schematisierung unterscheiden sich die kykladischen Idole in den Proportionen sowohl wie der Ausführung der verschiedenen Teile des Körpers. Sie variieren einen strikt vorgeschriebenen Stiltypus. Eine weibliche Marmorstatuette aus Malta (3. Jahrtausend v. Chr., Abb. 35) erinnert mit ihren üppigen naturalistischen Formen an altsteinzeitliche Fruchtbarkeitsidole. Die Art der Stilisierung ist jedoch kykladisch. Die kykladischen Idole ließen sich

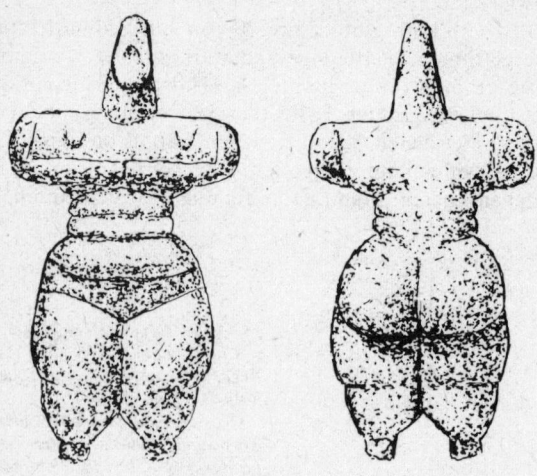

35   *Weibliches Idol. Marmor. Höhe 14,7 cm. 3. Jahrtausend v. Chr. Malta. Die kykladische Statuette erinnert mit ihren üppigen, voluminösen Formen an die ›Venus-Figuren‹ der älteren Steinzeit. Die Stilisierung aber ist ägäisch.*

  Gezeichnet nach einem Lichtbild in ›Early Art in Greece‹, Andre Emmerich Gallery, New York, und Münzen und Medaillen AG, Basel, 1965.

bisher ebensowenig in ein genaues chronologisches System bringen wie ihre asiatischen Vorgänger aus Anatolien und Mesopotamien, wo seit dem 4. Jahrtausend eine große Zahl zum Teil phantastisch geformter Tonfiguren des Magna Mater-Typs die realistischeren Darstellungen der Altsteinzeit ablöste (Abb. 36). Darunter befinden sich imaginäre, in keiner Weise der realen Umwelt entliehene Formen.

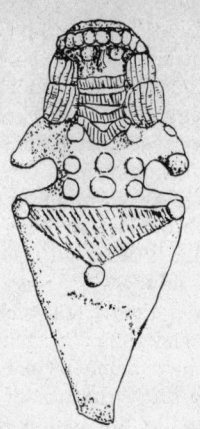

36 *Orientalische Muttergöttin.*
Ton. Ca. 3. Jahrtausend v. Chr.
Zeichnung nach E. Chiera.

Übrigens bestand weiterhin die altsteinzeitliche Sitte, Kiesel vom Meeresstrand aufzuheben, die in diesem Falle an die Violinenform der Göttin erinnerten. Gelegentlich unterzog man sie einer weiteren Bearbeitung; im allgemeinen war der Finder auch so überzeugt, daß er ein Symbol der lebensspendenden Göttin, die gleichzeitig auch der Unterwelt und Meerestiefe angehörte, gefunden hatte, und er betrachtete den Fund als wertvolles Amulett.

Wir sind bisher noch nicht den frühesten Phasen der Neolithisierung nachgegangen und wollen dies hier nachholen, weil dem Sammler doch hin und wieder ein Objekt aus dieser Zeit in die Hände kommt. Es mag ein Steinidol sein, ein frühes Tonsiegel oder ein anderer Gegenstand aus dem 6. Jahrtausend v. Chr. oder älter, der Aufschluß gibt über eine Zeit, die lange ganz im Dunkel lag.

Paläolithische Jäger hatten im Osten möglicherweise schon um 9000 v. Chr. mit dem Ackerbau und der Domestizierung von Tieren begonnen. Seßhafte Bauern gab es zwischen 8000 und 7000 v. Chr. Jericho war bereits eine Stadt, als man noch mit Feuersteinwerkzeugen der neolithischen Stufe arbeitete. Damals schon formte man Steingefäße aus härtestem Material und verstand es, Steine zu durchbohren. Noch vor der Erfindung der Töpferei blühte der Handel mit dem begehrten vulkanischen Glas, dem Obsidian.

Nicht nur in Palästina, auch im Irak, Iran und in Anatolien hat man ähnlich frühe Kulturen gefunden. So erzählt uns ein von Mellaert ausgegrabener Fundkomplex die Geschichte einer neolithischen Stadt-siedlung mit paläolithischer Tradition und bringt uns mit dem Handel und Wandel und den Gebräuchen einer sehr fernen Zeit in unmittel-bare Berührung. Es handelt sich um Çatal Hüyük, gelegen in der Konya-Ebene des südlichen Zentralanatoliens, in der Nähe des begehr-ten Obsidianvorkommens.

Die bisherige Ausgrabung umfaßt 12 Bauhorizonte (ca. 5720—6500 v. Chr.), die bruchlos von einer präkeramischen in eine keramische Phase übergehen. Man hatte Getreide, züchtete Rinder und Schafe und ging auf die Jagd.

Aufgrund der Funde läßt sich die wirtschaftliche, technische und soziale Differenzierung der Menschen von Çatal Hüyük erkennen. Es war eine sich ihres Könnens bewußte, der Vorsehung vertrauende Ge-sellschaft, die die Struktur der eigenen seßhaften Lebensform, vor allem der Familie, auf den göttlichen Bereich übertrug. Wiederum bildet die Erdmutter den Mittelpunkt. Die Statuetten, zwischen 3 und 21,5 cm groß, zeigen sie in ihren verschiedenen Aspekten: gebärend als Fruchtbarkeitsgöttin, als Todesgöttin, als Herrin der Tiere in Begleitung von Bestien sowie zusammen mit anderen Figuren, die Sohn, Tochter und Vater darstellen. Eine derartige Götterfamilie geht über den Vorstellungsbereich des Altsteinzeitmenschen hinaus: Sie stellt einen Urmythos dar, der vielleicht zum ersten Mal der mensch-lichen Phantasie Tür und Tor für Komplizierteres öffnete. Auf manchen Statuen bringt man Blumen- und Pflanzenmuster an und in einem der Devotion gewidmeten Heiligtümer häuft man Getreide und Kreuzblü-ler um die Statuetten der Muttergöttin. Auch an einem Halsschmuck, der einem Verstorbenen beigegeben wurde, diente sie als Prinzip des Lebens. Der Schmuck bestand aus winzigen Darstellungen der Göttin, die den fast identischen Anhängern aus Lignit (Braunkohle) ähneln, welche dem Magdalénien angehören und aus Peterfels bei Engen im Hegau (Baden) stammen.

Der Eintritt zu den Häusern erfolgt vom Dach aus. In den Kulträu-men waren die Wände geschmückt mit Fresken von Jagdszenen, rituel-len Tänzen und mythologischen Darstellungen. In bestimmten »Kult-schreinen« befanden sich große aus Gips modellierte Stierköpfe sowie Doppelfiguren von Göttinnen. Die Toten begrub man unter Fußböden.

Auch in Çatal Hüyük erfreute man sich an der Mannigfaltigkeit des verwendeten Materials. Man machte Schmuckperlen aus Blei und Kupfer und Spiegel aus poliertem Obsidian. Für die Statuetten ver-wendete man: Kalkstein, Marmor, Schiefer, vulkanisches Gestein, Alabaster, Calcit, Kreide und Ton. Auch die ersten bislang bekannten

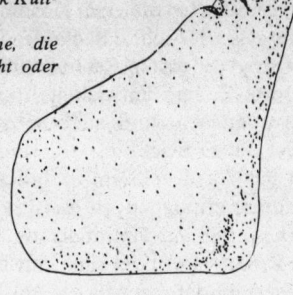

37 *Roh angedeutete Figur einer schwangeren (?) Göttin. Blauer Kalkstein. Höhe 16 cm. Ca. 5800 v. Chr. Çatal Hüyük Kultstätte VI A 10.*

Organisch geformte Geröllsteine, die man verehrte, wurden oft gar nicht oder nur unwesentlich verändert.

mit vertieften Mustern versehene Stempelsiegel, noch aus Ton, fanden sich hier. Zudem hortete man auffällige, kuriose Steingebilde. Aus den Tropfsteinhöhlen in den Taurusbergen trug man Stalaktiten, Stalagmiten, Kalkkonkretionen und unregelmäßig verwitterte Steine in die Behausungen und Kulträume, um sie zu verehren. Geformte Steine waren nicht tote Steine. Sie stellten göttliche Prinzipien dar und dienten als Amulette. Wie ihre altsteinzeitlichen Jäger-Vorfahren trieben die Bewohner von Çatal Hüyük mit natürlichen, halb-bearbeiteten und figürlich interessanten Steinen Fetischismus. Die Form eines Kiesels scheint eine schwangere Frau zu simulieren; mittels kleiner Einschnitte gab man ihm Augen und einen Mund (Abb. 37).

Die mesopotamischen Reiche

Bevor sie begannen, ein Volk der Geschichte zu werden, mußten sie erst einmal die Grundlagen für die Formen der Überlieferung schaffen, auf denen die Geschichte beruht. Vor dem Erscheinen der Sumerer gab es keine Geschichte. Bald nach 4000 v. Chr. kamen geschichtslose sumerische Bauern in das Schwemmland der Flüsse Euphrat und Tigris im südlichen Mesopotamien, heute Irak. Sie veränderten das Land; sie machten es urbar, indem sie die wechselnden Überschwemmungen und Dürren unter Kontrolle brachten. Nach wenigen Jahrhunderten schufen Scharfsinn und Erfindungsgabe eine einheitliche mesopotamische Hochkultur, deren wesentliche Züge sich 3000 Jahre lang unter Sumerern, Akkadern, Kassiten, Assyrern, Mitanni, Chaldäern und Persern am Leben hielten. Sie erlag erst, dekadent geworden, im Jahre 331 v. Chr. den Armeen Alexanders des Großen.

Die Sumerer schufen die erste Kosmogonie, den ersten Bauernkalender, die erste systematische Theologie, die erste Gesetzgebung, die erste Besteuerung und die ersten Rechtsverträge, die ersten Schulen und die ersten Archive. Zudem entwickelten sie eine außerordentliche Form der Tempelarchitektur und auch sonst eine großzügige Kunst. Den Sumerern ist die Entwicklung der Keilschrift zu einem brauchbaren Instrument des Ausdrucks im 3. Jahrtausend v. Chr. zu verdanken. Diese Erfindung ermöglicht es erst, daß wir von allen diesen Dingen wissen. Man schrieb auf Tontäfelchen, und ein jeder trug einen kleinen Ausweis in Zylinderform bei sich, mit einer mehr oder weniger kunstvollen Gravierung darauf. Mit diesem Siegel konnte man sich identifizieren. Denn die Sumerer gaben allem und jedem einen Namen in ihrem mythisch orientierten Kosmos, auch sich selbst.

Man hatte ein vermehrtes Gefühl der Sicherheit und glaubte, daß das Gefüge der Welt letzten Endes zuverlässig und sinnvoll geordnet und moralisch zu begründen war. Auch wir, ohnehin vollauf beschäftigt mit sozialen Problemen, weitaus komplizierteren als die der Sumerer, sind im Grunde sehr auf Identifizierung erpicht. Leider mangelt auch uns die Einsicht in das leitende Prinzip des Weltgeschehens und die Moral darin, und so bleiben die Namen, die wir uns geben, vorderhand provisorisch.

Von der Großskulptur und der Architektur der einander folgenden Dynastien ist nicht sehr viel erhalten geblieben; einige Perioden sind gar nicht vertreten. Die kulturelle und religiöse und zum Teil auch die politische Entwicklung des Zweistromlands läßt sich jedoch in ziemlich ununterbrochener Folge mit Hilfe der vielen erhalten gebliebenen kleinen Tontafeln und Siegeln ablesen. Sammler, die Appetit auf veritable Erstlinge in der Welt der Antiken haben, kommen auf ihre Rechnung; Stempel und Rollsiegel sind auf Auktionen und im Handel erhältlich. Unter anderem findet man babylonische Gewichte, sumerische Amulette aus Hämatit und Quarzvarietäten. Gefäße verschiedener Art, unbemalt, bemalt oder mit Ritzdekor, figürliche Terrakotten, insbesondere der Muttergöttin, bilden attraktive Sammelobjekte. Auch Halsketten mit farbenfrohen Achaten und kleine Elfenbeinschnitzereien kommen ab und zu vor. Natürlich halten diese meist keinen Vergleich aus mit den Erzeugnissen der höfischen Kunst um 2500 v. Chr., die die Königsgräber von Ur enthalten haben, dem vielfarbigen 4000 Jahre alten Schmuck von Susa oder manchen Kostbarkeiten der achämenidischen Könige Persiens (558—323 v. Chr.). All dieses befindet sich in Museen. Wenn wir an Assur denken, so fällt uns zumeist dessen pompöse Großskulptur ein, die enormen Reliefs oder die Torhüterbullen und -löwen. Aber auch kleinere kunstvolle Metallarbeiten stammen von dort und zahlreiche Siegel.

Rollsiegel

Wie gesagt, mit seinem Siegel stellt sich der Sumerer uns persönlich vor. Ursprünglich zeigte der Mensch eine gewisse Scheu, sich vor dem Unsagbaren zu deutlich zu machen. Der Mensch der Altsteinzeit verbarg sein Gesicht, wenn er sich darstellte. Auch die ältere Form des sumerischen Siegels, das Stempelsiegel, trägt vorerst nur ein geometrisches Ornament, das von den Rollsiegeln übernommen wurde. Später erscheinen Tiere und der Mensch, dann eine Gottheit, die er sich als Führer und Beschützer wählt und anruft. Andere Rollsiegel zeigen Kulthandlungen oder mythische Szenen. Ihre Bedeutung ist nicht immer klar.

Schon vor Jahrzehnten waren über 10000 Rollsiegel bekannt. Warum gibt es so viele Rollsiegel? Jeder Mesopotamier besaß ein Exemplar, in seltenen Fällen auch mehrere, und es war üblich, daß bei der Bestattung das Siegel seinem Besitzer mitgegeben wurde. Jede Dynastie hatte ihren eigenen Stil, doch dabei blieben die Themen und Motive im wesentlichen die gleichen. Man schätzte die Kunst des Siegelschneidens hoch ein; es scheint, daß man ihre Meister vom Kriegsdienst ausnahm. Dadurch wurde eine gewisse Kontinuität des Handwerks gewährleistet. Es gibt ausnehmend schöne Rollsiegel. Da der Ankauf Fachkenntnis erfordert, sollte man zunächst nur von Experten bestimmte und vom Verkäufer garantierte Stücke erwerben. Äußerlich sind sie unverwechselbar; man weiß, daß es sich um kleine, zylindrisch geformte Walzen aus Stein oder anderem Material handelt, die gewöhnlich der Länge nach durchbohrt und auf der Oberfläche mit einem vertieften Muster versehen sind, das beim Rollen über feuchten Ton einen zusammenhängenden Fries, d. h. ohne eigentlichen Anfang oder Ende hervorbringt.

Bevor wir kurz auf die Technik der Herstellung und die verschiedenen Stile und ihre Zuschreibung eingehen, versuchen wir einmal ein uns interessant erscheinendes Exemplar genauer anzusehen und zu analysieren. Das Siegel, von dem die Rede sein soll, ist schlicht, aber etwas in seiner Form besticht, nicht zuletzt die Alterspatina, die der

38 *Rollsiegel. Gelblich-weißer Marmor. Höhe 48 mm. Durchmesser 32 mm. Ca. 3200 v. Chr. Djemdet-Nasr-Periode.*

helle Marmor, denn aus diesem Material besteht es, im Laufe der Jahrtausende erworben hat (Abb. 38). Das Siegel stammt aus Syrien, ist 48 mm hoch, 32 mm im Durchmesser und der Länge nach durchbohrt. An den Mündungen oben und unten ist das Bohrloch 6 mm weit. Die Seiten des Zylinders sind ganz leicht nach außen gekrümmt, an eine griechische Säule aus Marmor erinnernd. Auch dies walzenförmige Objekt besteht ja aus Marmor, der an altes Elfenbein erinnert. Um die Außenfläche läuft eine einfache Gravur, zusammengesetzt aus zwei Rhomboiden mit doppelten Begrenzungslinien, die, seitlich gesehen, sich überkreuzen. In der Mitte der Rauten ist ein waagrechter Strich. Die Rhomboide stellen das Siegelbild dar, das auf Ton abgerollt wurde. Sämtliche Kanten des Siegels, auch die Ränder der vertieft eingeschnittenen Linien, sind vom Alter gerundet. Die Durchbohrung ist sehr genau vorgenommen worden. Man arbeitete von jeder Seite her, wie schon in der Steinzeit, bis sich die Löcher in der Mitte trafen. Die Bohrgänge verlaufen konisch, mit dem engsten Punkt in der Mitte. Die Beschaffenheit der Bohrung dient als wichtiges Echtheitsmerkmal.

Der Zylinder ist früh, in seiner Art vollkommen, und leicht zu klassifizieren: Das Muster mit den Randlinien oben und unten weist ihn nach Mesopotamien. Es ist ein sumerisches Rollsiegel der protohistori-

Stempel- und Rollsiegel Vorderasiens

Periode	Mesopotamien	Iran	Datierung (annähernd)	Vorwiegender Siegeltyp
Protohistorisch (vor Erfindung der Schrift)	Prä-Ubaid		4500—3800 v. Chr.	Amulette, Stempelsiegel
	Ubaid	Susa A	3800—3400 v. Chr.	Stempelsiegel
Schriftgrenze				
Frühdynastisch	Uruk	Susa B	3400—3200 v. Chr.	Stempel- und Rollsiegel
	Djemdet Nasr	Susa C	3200—2900 v. Chr.	Stempel- und Rollsiegel
	Königsgräber v. Ur		2900—2400 v. Chr.	Rollsiegel
	1. Dynastie v. Ur	Susa D	2400—2280 v. Chr.	Rollsiegel
Akkadisch	Dynastie v. Agade		2280—2015 v. Chr.	Rollsiegel
Ur III	Dritte Dynastie v. Ur (Sumerische Renaissance)	Alt-Elamisch	2015—1595 v. Chr.	Rollsiegel
	Erste Dynastie v. Babylon (Alt-Babylonisch)			Rollsiegel
	Isin-Larsa			
	Kassiten (Süd-Mesopotamien)		1700—1140 v. Chr.	Rollsiegel
	Mitanni (Nord-Mesopotamien)		1700—1350 v. Chr.	Rollsiegel
Mittel-Assyrisch		Mittel-Elamisch	1400—1000 v. Chr.	Stempel- und Rollsiegel
Neu-Assyrisch		Neu-Elamisch	1000— 612 v. Chr.	Stempel- und Rollsiegel
Neu-Babylonisch	(Chaldäer)		612— 538 v. Chr.	Rollsiegel
Achämenidisch			558— 323 v. Chr.	Rollsiegel
Sassanidisch			227— 633 n. Chr.	Stempelsiegel

Rollsiegel jenseits der Grenzen des Zweistromlandes zeigen starken mesopotamischen Einfluß. Eigene Stile entwickelten: Syrien (ca. 1900—1200), Palästina (ca. 1800—1200), Hethitisches Großreich (ca. 1350—1275), Zypern (ca. 1600—1200).

schen Djemdet Nasr-Epoche (ca. 3000 v. Chr.), vor der Erfindung der Keilschrift. Es ist über den Durchschnitt groß. Man hat solch große Siegel bei Tempelausgrabungen gefunden und nimmt an, daß diese, wie die ersten Rollsiegel überhaupt, für den Gebrauch der Tempelverwaltung bestimmt waren; bei dem vorliegenden Siegel könnte es sich auch um eine Votivgabe an die Gottheit handeln.

Wüßte ich gar nichts über westasiatische Siegel, so könnte ich aufgrund der bloßen Form des Objekts zu falschen Schlüssen kommen. Schlichte Grundformen wie diese sind frühen Kulturen gemeinsam. Einige Shang- und Chou-Jaden des Alten China haben ein ähnliches Aussehen, aber der Dekor ist ein anderer. Was bedeuten die rhombischen Zeichen auf unserem Siegel? Mit Sicherheit läßt sich das wohl nicht feststellen. Es liegt nahe, sie als Fruchtbarkeitssymbole zu deuten. Wir sahen ähnliche neben den Fischen auf dem Rentierstab von Lorthet aus dem Magdalénien (vgl. Abb. 15). Sie wurden als Vulva-Zeichen gedeutet. Bei späteren Rollsiegeln der Djemdet Nasr-Zeit finden sich die Rhomboide Seite bei Seite mit Tierdarstellungen, z. B. von Steinböcken, und viel später auf neuassyrischen Siegeln zusammen mit Fisch-Symbolen.

Unser Siegel ist kein erkünsteltes Ding; es fühlt sich gut an. Es diente praktischen Zwecken, und dabei war es weder profan noch sakral, denn Himmel und Erde waren in Sumer nicht getrennt. Man war mit den Göttern »im Geschäft«. Sie waren die Besitzer des Landes; ihnen gehörten die Früchte des Feldes und die Dienste des Menschen. Aber noch sind der Besitzer des Siegels und seine Gottheit nicht selbst auf dem Siegel zu sehen, und es steht noch kein Name darauf. Nichtsdestoweniger diente es dem Besitzer als Paß und wies ihn vor seinem Gott und auf Dokumenten aus.

Im mesopotamischen Universum und in der Tempelstadt hatte jedes Ding seine im Mythos festgesetzte Aufgabe. Auch dieses Siegel. Die Welt hatte die Struktur der Gewißheit. Wenn die Sonne und die Ernte gut waren, war es nicht schlecht, in ihr zu leben.

Ich stelle mir den Ruinenhügel vor, arabisch Tell genannt, der die Geschichte der Dynastien aufbewahrt und sich an einer immer wieder bebauten Stelle erhebt, wo der Tempel gestanden hat und um ihn die Stadt. Heute umgibt die aus der Distanz gering erscheinende Erhöhung die weite, flache, trostlose Einsamkeit der Wüste. Das ursprüngliche Leben ist aus dieser Landschaft, die lange blühte, seit Jahrtausenden entflohen. Ein Meer verrät die Muschel nicht, die in seinem Grund ruht und allmählich zu Stein wird. Auch sie hat gelebt. Ein Tell sagt nicht, was in seiner Tiefe verborgen ist. Für alles, was in solchen

Abgründen ruht, ist der leise Wellenschlag der Zeit unvernehmbar geworden, es sei denn, daß eine menschliche Hand danach taucht, nach den Überresten des alten Lebens gräbt und sie wieder zu Tage fördert.

Stempelsiegel

Die Vorläufer der Rollsiegel waren die Stempelsiegel. Seit ich in einem Antiquitätengeschäft die Schnur mit den zehn mesopotamischen Stempelsiegeln unvermutet entdeckte, ist schon einige Zeit vergangen. Es waren kleine, runde oder viereckige Siegel aus schwarzem Steatit. Zwei davon gehörten der Djemdet Nasr-Periode an (3200—2900 v. Chr.). Sie hatten Tiere, bzw. geometrische Muster auf der Stempelfläche; die restlichen Siegel waren durch den Gebrauch so stark geglättet, daß die Zeichen schwer zu deuten waren. Einige Siegel waren mehrseitig graviert.

Von diesen Siegeln war ein jedes durchbohrt. Der Mesopotamier trug sein Siegel gewöhnlich an einem Band um das Handgelenk. Im späten vierten Jahrtausend siegelte man Körbe und Gefäße; das Muster auf dem Siegel, oft ein Tier, identifizierte den Besitzer. Erst bedeutend später mußten alle geschäftlichen Verträge mit den Siegeln der Zeugen markiert werden. Die Tontäfelchen mit den Eintragungen — die Keilschrift war um 3200 erfunden worden — weisen meist mehrere Abrollungen der nun allgemein gebräuchlichen Rollsiegel auf.

Stempelsiegel waren in Gebrauch von mindestens 4500 v. Chr. bis 2900 (vgl. Tabelle). Sie zeigen eine interessante Entwicklung. In den letzten Jahren sind diese Stempelsiegel im Handel in gewissen Mengen erschienen. Die noch aus gebranntem Ton gefertigten Stempelsiegel sind wohl bisher die ältesten, die wir kennen. Solch frühe Siegel weisen nur geometrische Muster auf. Sie reichen zurück bis in das 6. vorchristliche Jahrtausend. Worauf man mit ihnen stempelte, steht nicht fest; in Mesopotamien und in Susa dienten seit der Mitte des 5. Jahrtausends v. Chr. die kleinen Steinstempel dazu, Einzelbilder auf weichen Ton zu drücken, denn man hat die Abdrücke gefunden. Nur hatten diese Siegel anfangs die Form von kleinen Amuletten, die als Anhänger getragen wurden. Eingeritzte Muster machten sie zu Siegeln. Schon bei diesen kommen neben Steatit auch andere Steinarten vor, auch Obsidian.

Der Gebrauch der Stempelsiegel wurde üblich in allen alten Kulturen. Sie kommen vor in äußerst abwechslungsreicher Aufmachung:

39 Oben links: Dachförmiges Stempelsiegel, seitlich durchbohrt. Schwarzer Steatit. 23 × 24 mm. Geometrisches Muster. Ca. 3400 v. Chr. Herkunft: Syrien.

40 Oben rechts: Dachförmiges Stempelsiegel, seitlich durchbohrt. Schwarzer Steatit. 28 × 30 mm. Blütenmuster. Ca. 3400 v. Chr. Herkunft: Syrien.

41 Unten links: Dachförmiges Stempelsiegel, seitlich durchbohrt. Glatter dunkelroter Stein. 22 × 16 mm. Höhe 11 mm. Vierfüßler. Im Feld, Pfeilspitzen. Ca. 3200 v. Chr. Herkunft: Syrien.

42 Unten rechts: Knopfsiegel mit rechteckiger Basis. Schwarzer Steatit. 19 × 15 mm. Höhe 16 mm. Der obere Teil des Knopfes ist durch eine gravierte Linie abgesetzt. Der verjüngte halsartige Teil zwischen Knopf und Basis ist seitlich durchbohrt. Auf dem Knopf ein 6strahliger Stern. Auf der Siegelfläche befinden sich neben einem geschwänzten Dämon (?) Zeichen. Ca. 3400 v. Chr. Herkunft: Syrien.

43 Dachförmiges Stempelsiegel,
seitlich durchbohrt.
Grauer Steatit. Durchmesser
25 mm. 4. Jahrtausend v. Chr.
  Darstellung eines Menschen
zwischen zwei Tieren. Herkunft:
Syrien. Zeichnung vom Original.

44 Unten links: Rückseitig gewölbtes und seitlich durchbohrtes Stempelsiegel. Schwarzer
Steatit. Durchmesser 31 mm. Höhe 6 mm. 4. Jahrtausend v. Chr. Steinbock, Schlange,
Pfeilspitze und Symbole. Iranisch. Lichtbild vom Original.

45 Unten rechts: Dasselbe Siegel. Lichtbild des Abdrucks.

46 *Zoomorphes Stempelsiegel in Form eines liegenden Hundes, querdurchbohrt. Rosa Marmor. 33 × 27 × 16 mm. Djemdet Nasr, ca. 3200 v. Chr.*

47 *Dasselbe Siegel, von der Unterseite gesehen. Auf der Siegelfläche befinden sich zwei Symbole (Fackeln oder Füße).*

scheibenförmig, quadratisch, linsen- oder knopfartig; manchmal hat auch der obere Teil vom Petschaft eine Gravierung, oder das Siegel hat die Gestalt eines Tieres. Meist geht die Bohrung von Seite zu Seite, oder die Oberfläche ist mit einer Öse versehen. Da die Stempelsiegel mit weniger Aufwand herzustellen waren als Rollsiegel, kamen sie nie ganz aus der Mode. In der neuassyrischen Epoche und zur Zeit der Sassaniden waren Stempelsiegel fast ausschließlich in Gebrauch. Hier bietet sich dem Sammler viel interessantes Material aus farbenprächtigen Halbedelsteinen.

Von den ersten Stempelsiegeln Sumers bis zu denen der Sassaniden sind es über 5000 Jahre. Das kleine Objekt erscheint unverwüstlich — in moderner Form dient es als Petschaft. Auf der kleinen Siegelfläche der alten Siegel befindet sich viel Information und viel Kunst. Die Mannigfaltigkeit der Motive überrascht bereits in der protohistorischen Epoche. Geometrie kommt zu ihrem Recht. Daneben das Leben. Tier und Mensch in wechselnden Kombinationen erinnern an den Stil der Altsteinzeitjäger, vital, als ob sie miteinander tanzten (Abb. 39—43). Der Mensch wird vogelköpfig dargestellt. Die freie Wildbahn, der Gedanke der Fruchtbarkeit, ein primitiver Glaube spricht aus ihnen, noch ohne die Zwischenschaltung anthropomorpher Gottheiten (Abb. 44, 45). Die meisten Siegel dieser Art gehören der Uruk-Ubaid- und Prä-Ubaid-Zeit an. Auf den Siegeln der Djemdet Nasr-Zeit wird die Szene beruhigter, kultisch. Bezeichnend sind die im Halbrund geschnitzten Haustiere, auf deren Unterseite primitive Siegelmuster mit Hilfe des auch sonst modisch gewordenen Kugelbohrers angebracht sind (Abb. 46, 47).

Noch einmal: das viel-seitige Rollsiegel

Die Erfindungen der Sumerer waren epochemachend. Die Menschen der Uruk-Zeit erfanden das Rad. Man hat zahlreiche Tonmodelle davon gefunden. Sie erfanden auch das Rollsiegel, von denen wir bereits an einem Beispiel das Prinzip kennengelernt haben. Auch das Rollsiegel ist, technisch betrachtet, ein Rad, welches mit einem Muster versehen, nicht über die Erde, sondern über weichen Ton gerollt wird und eine Bildspur hinterläßt. Das Rollsiegel kann auf jeder Art Fläche, die aufnahmefähig ist, einen endlosen Fries erzeugen. Dies mag ein Tontäfelchen sein. Oder die Rundung eines Tongefäßes. Auf der Zylinderfläche des Rollsiegels kann mehr mitgeteilt werden, als auf der kleinen des Stempelsiegels, welche ähnlich der einer Münze oder Gemme Beschränkung auferlegt.

Ihrer geringen Dimension entspricht, daß das Kunstwerk auf den Rollsiegeln, wie bei der Gemme, sehr klein ist. Man verstand es, 3000 Jahre lang die gleichen Grundthemen und Motive so zu variieren, daß kaum je ein Siegel ganz dem anderen gleicht. Eine jede Dynastie hatte ihren Stil und ihren Themenschatz. Dazu kamen Unterschiede in der individuellen Begabung des Steinschneiders, in der Art und Qualität der Steine und dem Verwendungszweck; auch die Kaufkraft des Kunden bestimmte die Ausführung. An einem schönen Rollsiegel hatte der Mesopotamier sein Leben lang Freude. Es diente ihm als Gebrauchsgegenstand, Ausweis, Apothropaion und als Schmuck. Die Siegelenden hatten nicht selten Kappen aus Kupfer oder Edelmetall. Der Sammler findet heute noch Metallreste in der Bohrung der Siegel; meist sind sie aus Bronze.

Auf dem Arbeitstisch des Siegelmachers befanden sich ein Schleifstein, Bohrer, Kupfermeißel und Kupferstichel. Im ersten Jahrhundert v. Chr. wurden die Kupferstichel durch eiserne Werkzeuge ersetzt. Für das Polieren stand ursprünglich Schmirgel, später wirksamere Puder zur Verfügung. Die Herstellung eines Siegels geschah in drei Stufen: (1) die Erarbeitung der Zylinderform; (2) die Durchbohrung; (3) das Gravieren des Siegelmusters. Dies war das Schwierigste, denn harte Steine, wie Hämatit und die Quarzarten, waren schwieriger zu bearbeiten, als etwa der weiche Steatit. Das Durchbohren mußte sorgfältig geschehen. Gelegentlich findet der Sammler ein halbvollendetes Werkstück, das verworfen wurde, weil sich die beiderseitigen Bohrgänge nicht in der Mitte trafen.

Das Gravieren der Fläche erfolgte aus freier Hand mit dem Gravierstichel. Zusätzlich fanden oft Kugelbohrer oder Drill Verwendung. Bei neuassyrischen Zylindern wurden die zahlreichen geschnittenen Linien dadurch erzielt, daß man das Siegel gegen eine rotierende Scheibe hielt.

Wir kennen Siegel aus Steatit, Alabaster, Marmor, Kalkstein, Koralle, Muschel, Elfenbein, Glasfritte, Fayence, Obsidian und selbst Bronze. Der Siegelhersteller mußte verschiedene Steine auf Lager haben. Nicht zu allen Zeiten waren die gleichen Steine »in Mode«. Seltenere Steinarten, wie Jaspis, Karneol, Bergkristall, Amethyst, Lapislazuli, auch der so populäre Hämatit waren nicht billig. Es ist anzunehmen, daß der Meister seinen Kunden beriet, wenn es um die Wahl des Steines ging. Denn nicht jedes Mineral eignete sich für jeden Kunden. Suchte man sich das falsche für sein Siegel aus, so konnte das unangenehme Folgen haben. Von der Wichtigkeit des verwendeten Materials war ein jeder überzeugt. Es konnte ebenso wichtig sein wie das Siegel selbst, von dem die Götter wußten.

Verschiedene Stellen in der Bibel bekräftigen die damalige Auffassung von der Heiligkeit des Siegels. So heißt es in Job (IX, 7) von Gott: »Er spricht zur Sonne, und sie geht nicht auf / verschließt die Sterne unter seinem Siegel.« Und von der Erde (XXXVIII, 14): »Wie Ton verwandelt sie sich unterm Siegel; / und wie ein Kleidungsstück, so färbt sie sich.«

Und was den Stein anbetrifft, so versicherte dem Ratsuchenden noch im 7. Jahrhundert v. Chr. ein babylonischer Text, daß »ein Siegel aus Lapislazuli dem Besitzer Macht verleiht und daß die Götter sich über ihn freuen; daß ein Bergkristall-Siegel seine Profite vergrößert, und er einen guten Ruf haben wird; daß ein Chalzedonsiegel ihn frohen Herzens sein läßt, und daß ein Siegel aus grünem Marmor (Alabaster?) ihm Gunst über Gunst zusichert bis zum Grabe«.

War der Sumerer abergläubisch, wenn er dachte, daß die physikalischen oder physischen Eigenschaften eines Objektes Einfluß haben auf den Gang ganz entfernter Ereignisse? Primitive Magie geht von der Annahme aus, daß ein jedes Ding eigenen Willen und Persönlichkeit besitze. In dem »mytho-poetischen« Kosmos der Mesopotamier lagen die Dinge noch komplizierter. Der Feuerstein ist hart und spröde, und er splittert. Der Mensch zieht Nutzen aus dieser seiner persönlichen Eigenschaft und macht aus ihm durch Bearbeitung Werkzeuge oder Waffen. Der Feuerstein hat eigenen Willen, und dennoch fügt er sich der Hand des Menschen. Das hatte, nach mesopotamischer Auffassung, einen guten Grund: Der Feuerstein hatte nämlich einst den Gott Ninurta bekämpft. Ninurta hatte ihn dafür bestraft, indem er ihn verurteilte, zu splittern. Im mesopotamischen Universum hatte jedes Ding seinen Platz und seine spezielle Aufgabe, und überall waren dabei Götter im Spiel.

So war das Wesen der Dinge auf bemerkenswerte Weise mit dem Beschluß der Götter verbunden. Das Siegel und der Stein, aus dem es gemacht war, unterstanden in letzter Instanz den Göttern. Wenn man siegelte, so hatte das sehr große Gültigkeit.

Die Welt auf den Rollsiegeln

Man kann sich mit Rollsiegeln spannend unterhalten. Man könnte lang und ausführlich über die Mannigfaltigkeit ihrer Formen und Farben, die Unterschiede in der Bearbeitung der Oberfläche, vor allem aber über die Welt, die sich auf ihnen darstellt, schreiben. Auf zahlreichen Siegeln hebt sich das gravierte Bild von einer glatten Oberfläche so deutlich ab, daß wir es auch im Negativ auf den ersten Blick erkennen. Bei anderen scheint sich die kleine Walze kaum von einem Naturstein zu unterscheiden. Die Oberfläche erscheint regellos und tief zerklüftet, wie eine Kraterlandschaft. Um so erstaunter sind wir, wenn wir das Siegel abrollen und ein festgefügtes, lebendiges Muster in aller Klarheit zum Vorschein kommt.

Im allgemeinen läßt sich auch die Zuschreibung ohne allzu große Schwierigkeiten machen, da wir über die Sequenzen der Dynastien und ihrer Stile gut orientiert sind. Dank der sumerisch-akkadischen Tradition formen diese Abschnitte stilistisch eine unverkennbare Einheit — eben das, was wir »mesopotamisch« nennen. Abgesehen von der Frühzeit, in der geometrische Motive die Hauptrolle spielen, bietet die Kunst der mesopotamischen Rollsiegel ein vielfarbiges Mosaik lebensnaher figürlicher Darstellungen und Szenen. In immer wieder anderen Gruppierungen und Situationen, die hier nur sehr spärlich angedeutet werden können, präsentieren sich die Akteure der mesopotamischen Welt auf den kleinen Siegeln: Gottheiten, Könige, Beter und Bittsteller, die Tiere der Jagd, die Herde und die Personen, die sie betreuen, Frauen bei der Arbeit, Tiere, Fabeltiere und Helden die miteinander kämpfen, insbesondere Gilgamesch und sein Freund, der Muskelmann Enkidu, nebst vielen anderen kultischen erzählenden und mythologischen Darstellungen, schließlich die Figuren der Könige, Symbole der Macht und des Gottesgnadentums.

48   Rollsiegel. Hämatit. Höhe 23 mm. Ur III. Einführungsszene. Der Besitzer des Siegels in der Mitte mit unbedecktem Kopf, vor einem Gott oder König stehend. (In der Komposition an Stifterbilder des Mittelalters erinnernd.) Inschrift: Anruf zweier Götter Mug und Nin-bar. British Museum 89174, London.

Viel geschieht auf kleiner Fläche und hinterläßt einen starken Eindruck. Oft tragen die Siegel Inschriften, meist den Namen des Besitzers oder von Gottheiten. Häufig sieht man das Symbol des Heiligen Baumes oder Lebensbaumes. Bei der langen Dauer der mesopotamischen Kultur erfahren viele Symbole Umdeutungen.

Der Mesopotamier stellt, was ihn bewegt und was er erhofft, auf seinen Siegeln dar. Zuerst sind die Themen: Erfolg bei der Jagd und die Abwehr übler Prinzipien, kultische Szenen, die das Gedeihen seiner Herde und der Früchte des Feldes betrafen, rituelle Opferszenen und Anruf der Gottheit. Wo der Besitzer des Siegels, von einer einführenden Gottheit geleitet, als Bittsteller vor einem höheren Gott erscheint, steht auch später sein Gebet. In diesem beschwört er seinen persönlichen Gott, für ihn bei dem Pantheon höher gestellter Götter Schutz und Hilfe zu erbitten (Abb. 48).

Das heraldische Schema

Auf vielen Siegeln stehen sich zwei Figuren symmetrisch gegenüber, getrennt nur durch ein zentrales Motiv. Den Mittelpunkt bilden oft kämpfende Tiere, die sich überkreuzen (Abb. 49); oft stützen sich von beiden Seiten antithetische Tiere auf einen Lebensbaum oder Heiligen Baum. Die Sumerer haben dies ausgewogene heraldische Schema eingeführt; die Konvention hat sich bis heute weltweit erhalten. Die späteren Bronzeidole von Luristan (siehe S. 79) verdanken einen wesentlichen Teil ihres Reizes diesem heraldischen Prinzip. Noch später findet es sich in der Kapitellkunst des Mittelalters und in byzantinischen Werken, um nur einige zu nennen.

Das heraldische antithetische Schema versinnbildlicht den beständigen Kampf des Guten gegen das Böse. Auf den Siegeln spielt sich ein Teil des mesopotamischen Dramas ab. Als man später nicht mehr an die Allmacht der Götter glaubte und an der Gerechtigkeit zu zweifeln und alles eitel zu finden begann, hatte das heraldische Schema seinen ursprünglichen Sinn verloren. Allein seine ästhetische Unverwüstlichkeit ließ es überdauern.

Ein akkadisches oder altbabylonisches Siegel im Britischen Museum (Abb. 49) zeigt uns Helden und Tiere in heraldischer Manier. Die vitalen, kämpfenden Tiere und der »Held« sind imaginäre Gestalten, die im mythologischen Weltbild verankert sind. Sie wirken hier ganz real; man glaubt ihnen ihre Existenz; bei aller Bewegtheit vermitteln sie den

49   *Rollsiegel. Hämatit. Höhe des Originals 26 mm. Akkadisch oder Alt-Babylonisch; British Museum 104486, London.*

Zwei sich kreuzende Löwen attackieren mit Hörnern geschmückte Tiere. Ein bärtiger nackter Held steht hinter ihnen. In der Mitte drei mit dem Bohrer erzeugte Gebilde, die an die Cupules, kreisförmige Symbole der Urkunst, erinnern. Die gegensätzliche Anordnung der Bildelemente ist typisch mesopotamisch. Die Inschrift lautet: Kalli, Diener des Gottes der Unterwelt, Gir (Nergal).

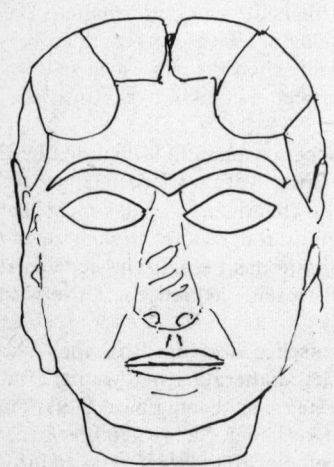

50   *Weiblicher Kopf von Uruk. Höhe 22 cm. Durchsichtiger weißer Marmor. Augen und Augenbrauen ursprünglich mit Einlagen, der Kopf einst mit einer Frisur. Gefunden in Warka im Djemdet Nasr-Niveau und möglicherweise noch 4. Jahrtausend. Irak Museum, Bagdad.*

Eindruck selbstbewußter Ruhe und Unerschütterlichkeit! In dem typisch mesopotamischen Schema wird das Verfließende, das allem Irdischen anhaftet, sozusagen arretiert, metaphysisch eingefroren und so zum Sinnbild. Die gleiche Eigenschaft hat der berühmte Kopf der »Dame von Warka« (Abb. 50). Dies herrliche Stück wurde im Djemdet Nasr-Niveau in Uruk gefunden, aber es gehört möglicherweise noch dem Ende des 4. Jahrtausends v. Chr. an. Ein Siegel aus der Mitte des 3. Jahrtausends v. Chr. (Abb. 51), das man »Die Versuchung« genannt hat, zeigt rechts eine thronende Gottheit, links in ähnlicher Haltung eine Frau. In der Mitte des Bildes befindet sich ein früchtetragender Lebensbaum, links eine Schlange. Die Szene scheint bereits den Geist des Paradieses zu beschwören. Das Motiv des Lebensbaumes, das heute noch vorkommt, entspringt uralten Vorstellungen. Auf den sumeri-

51   *Rollsiegel »Die Versuchung«. Mitte 3. Jahrtausend v. Chr. British Museum, London.*

schen Siegeln mag der Lebensbaum Fruchtbarkeit symbolisieren (Fruchtbarkeit der Herden und des Ackers war die Hauptsorge des Mesopotamiers), auf assyrischen Siegeln den Gott Assur.

Auf einem für die Djemdet Nasr-Zeit typischen Siegel aus grau-schwarzem Steatit (Abb. 52) ist eine kultische Handlung zu sehen. Fünf sitzende Frauen erheben beschwörend die Arme; daneben sind hantel-förmige Objekte, wohl Behälter wie auf der Alabaster-Vase von Uruk (ca. 3000 v. Chr., Abb. 53). Das Siegel zeigt keine Benutzungsspur. Die mit Stichel und Kugelbohrer gearbeitete Darstellung ist scharf. Einige wenige archaische Rollsiegel sind nicht der Länge nach durchbohrt worden. Statt dessen befinden sich auf einer Endfläche entweder eine

52   *Rollsiegel mit kultischer Szene. Schwarzgrauer Steatit. Höhe 21 mm. Durchmesser 17 mm. Djemdet Nasr.*
   Sitzende Frauen erheben die Arme. Gefäße und Symbole. Die Abb. zeigt das Siegel und die von ihm gemachte Abrollung.

aus dem Stein geschnitzte Öse oder zwei nebeneinander gelegene schräg geführte Bohrungen, durch die man, wie bei japanischen Netsukes, die Schnur zog. Das ist hier der Fall.

Dies Siegel beschreibt eine Tätigkeit, andere aber eine Geschichte, die erst dann verständlich wird, wenn man die Elemente der Komposition, Stück für Stück, wie in einer Bilderschrift, betrachtet. Kämpfende Tiere symbolisieren den ewigen Konflikt in der Natur; Helden halten sie in Schach, meist der sterbliche Gottmensch Gilgamesch und sein Freund, der Steppen- oder Stiermensch Enkidu. Die Herde wird gegen die zerstörerischen Aspekte der Natur verteidigt. Die Siegel der akkadischen Periode haben die schönsten Bilder. In der Welt des Mythos geschehen Wunder. Die Kräfteverhältnisse und Rollen werden vertauscht: Sie sind der menschlichen Phantasie untertan. Und immer

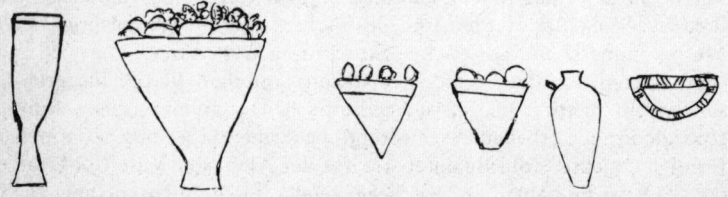

53   *Sumerische Vasenformen. Uruk ca. 3000 v. Chr. In Uruk wurde ein kultisches Alabastergefäß gefunden, auf dem sich Reliefdarstellungen der damals üblichen Vasen- und Gefäßformen befinden. Bagdad.*

steht der Gott, zu dem der Mensch betet und von dem er Schutz erwartet, im Mittelpunkt der Dinge. Von den Rollsiegelbildern der 3. Dynastie von Ur führt der Weg zu denen der altbabylonischen Epoche mit ihren typisch überlängerten Gestalten, und schließlich weiter zu den neuassyrischen und persischen Anbetungs- und Opferszenen.

Von den Uranfängen bis zu den künstlerisch noch sehr hochstehenden Rollsiegeln der Achämeniden bleiben die Themen prinzipiell die gleichen. Es bestehen jedoch Unterschiede in der stilistischen und technischen Behandlung der Figuren: Einmal ist die Form plastisch modelliert, ein andermal schematisiert und nur oberflächlich graviert. Oft begnügte man sich, z. B. bei neuassyrischen Stempelsiegeln, die Figuren und Symbole lediglich durch ein paar Linien und runde, napfartige, mit dem Kugeldrill erzeugte Vertiefungen anzudeuten.

Die Figuren wenden das Gesicht häufig dem Betrachter zu, während die unteren zwei Drittel des Körpers in Seitenansicht erscheinen. Die Haltung der Figuren kann völlig statisch sein, oder aber heftige Bewegung ausdrücken, wie bei Jagd- und Tierkampfszenen. Natürlich sind nur wenige Siegel Meisterwerke, doch gewinnt man von einem jeden ein Bild der Zeit und der intimen Szene.

Auf den Siegeln der späteren Epochen hat der König viel und Mächtiges zu tun. Er opfert, er betet an; vor allem aber zeigt er seinen Willen und seine übermenschliche Muskelkraft, wenn er Löwen jagt und Feinde erledigt. Es ist die Zeit des Gottesgnadentums par excellence und des Triumphs des Siegers über den Besiegten. Dies scheint das erstrebenswerte Ziel des Lebens, und so fühlt sich der Mächtige immer im Recht. Mesopotamien hatte ein für allemal vergessen, sich dem Himmel zu verschreiben, der auf den Gesichtern von Kindern zu sehen ist. Die idyllische, wohlgeordnete Bürokratie, die sich die erste Hochkultur erdacht hatte, die Tempelstadt mit ihrem Gott oder dessen Stellvertretern, Fürsten und Priestern, bis hinauf zum Städtestaat und Großreich, begann zu schwanken. Literarische Zeugnisse der Zeit berichten uns von Veränderungen im Denken der Mesopotamier. Gott-Könige hatten sich berufen gefühlt, skrupellos zu töten. Der Gottesstaat war irreal geworden, als seine Symbole, die Könige, sich nur noch als grausame Kriegsherren und Helden der Jagd gebärdeten und realistisch darstellen ließen. Der Gottesstaat hatte Verrat an seiner Idee begangen. Ungerechtigkeit herrschte, und es gab keine höhere Instanz, an die man sich wenden konnte. So war das Vertrauen in die Obrigkeit erschüttert, der Lohn für Rechtschaffenheit ein Punkt in der Lebensbilanz, den man am wenigsten kalkulieren konnte.

Das frühe Gilgamesch-Epos behandelt die Revolte des Helden gegen die Ungerechtigkeit des Todes. Nun hatte am Ende der Pessimismus des mythischen Helden ein ganzes Volk ergriffen. War das Chaos, dessen der Mensch Herr werden zu können geglaubt hat, am Ende doch stärker als das ordnungschaffende Prinzip? Die dreitausend Jahre alte mesopotamische Hochkultur, in deren Wortschatz der Begriff *Veränderung* keinen rechten Platz gehabt hatte, wurde selbst ein Opfer dieses Prozesses.

Altiranische Bronzearbeiten. Luristan

Im Jahre 1929 erschienen auf dem Pariser Kunstmarkt viele kleine Bronzeobjekte in einem eigenwilligen Stil, der keine direkte Zuschreibung zu einem der bekannten Kulturkomplexe ermöglichte. Da gab es Schwerter, mit Tierköpfen verzierte Beile, Streitäxte, Dolche, an mittelalterliche Hellebarden erinnernde Axtformen, Pickel und Keulenköpfe, Wetzsteine mit verzierten Bronzegriffen, Schalen, Situlen, Töpfe, Kannen, zahlreiche Trensen und andere zum Pferdegeschirr gehörende Teile, ebenso Schmucknadeln, Fingerringe, Idole in Menschen- oder Tierform und Siegel aus Stein oder Bronze, die auf Verbindung mit Nordmesopotamien hinwiesen. Kassitische, elamische, mitannische und assyrische Einflüsse wurden festgestellt. Wie die aus China stammenden nördlich der großen Mauer gefundenen Ordosbronzen, die ebenfalls nach dem Ersten Weltkrieg nach Europa kamen und eifrig gesammelt wurden, stammten auch diese Objekte aus Raubgrabungen, und zwar aus Megalithgräbern, die in den Hochtälern von Luristan gelegen waren, inmitten des Zagrosgebirges zwischen Iran und Irak, südlich von Kermanshah. Die iranische Kleinkunst läßt sich zurückverfolgen bis in die Mitte des 4. Jahrtausends v. Chr. Die Luristanbronzen mit ihrem typischen Tierstil wurden zwischen 1100 und 700 v. Chr. von Reiter-Nomaden und Pferdezüchtern medischkimmerischen Ursprungs oder den für sie arbeitenden eingeborenen Bronzegießern geschaffen. Museen und Sammler waren im höchsten Maße an ihnen interessiert. Wir begegnen dem Tierstil anderwärts in Iran, z. B. in zahlreichen Keramiken und Bronzen in Tepe Sialk (Abb. 54). Ihrer naturnahen sowohl wie bizarr-abstrakten und phantastischen Formen wegen sind jedoch die Luristan-Bronzen von Sammlern am meisten gesucht.

Wir unterscheiden: (1) Ganz naturnahe, dem Geist des steinzeitlichen Jägertums nahestehende Tierdarstellungen, einzeln oder als

Dekor an Gebrauchsgegenständen; (2) Fabel- oder Mischwesen; (3) Kompositionen mit zoomorpher oder anthropomorpher Junktur, die Teile von Tieren oder Menschen miteinander verbinden. Jeder dieser Typen kann einen Stilisierungs- oder Abstraktionsprozeß durchmachen, bis am Ende die ursprüngliche Form fast unkenntlich wird.

Unsere Luristan-Sammlung besteht wie kaum eine andere aus Gegensätzen. Naturformen finden sich neben bizarren Symbolformen. Wir wissen noch wenig über die zeitlichen Sequenzen und ob diese Gegensätze von denselben Kunsthandwerkern geschaffen wurden. Beide Stile gelingen in hohem Maße: die realistische Darstellung und die Kunst, das Wesen der Natur gewissermaßen neuen Gesetzen zu unterstellen, Teile zu amputieren, andere zu übertreiben, nicht Zueinandergehörendes um der Idee willen miteinander zu verbinden in eben jener Motivkontraktion, die wir *zoomorphe Junktur* nennen, die hier aber einen solchen Grad erreicht, daß das Bild oft zum *Vexierbild* wird und der dargestellte Gegenstand in seiner Totalität den Boden der Realität verlassen hat.

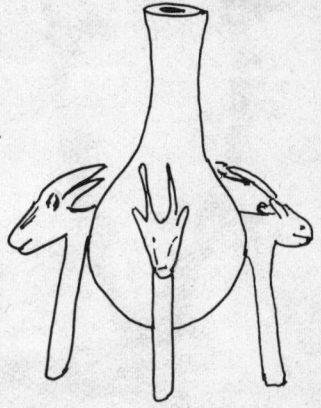

54   *Iranisches zoomorphes,*
vasenförmiges Gefäß. Bronze.
Höhe 10,3 cm. 9.—8. Jh. v. Chr.
Nekropolis B, Tepe Sialk.

Es mischen sich also hier offenbar zwei Bereiche: einmal die Welt des Jägers und Viehzüchters, dessen wesentliches Anliegen die Fruchtbarkeit des Wildes und die Vermehrung der Herde ist. Dem tragen die naturnahen Formen, vor allem die kleinen Tieramulette Rechnung.

55 Links: Steinbock. Amulettanhänger. Bronze. Länge 4 cm. Höhe 3,5 cm. 800—700 v. Chr. Luristan.

56 Rechts: Bergschaf. Amulettanhänger. Bronze. Länge 4,2 cm. Höhe 3,5 cm. 800—700 v. Chr. Luristan.

57 Unten: Stehender Hirsch. Bronze. Länge 6,4 cm. Höhe 7,4 cm. 1000—800 v. Chr. Amlasch (Gilan) Sammlung Dr. Karl Schädler, München.

Zum anderen die Welt mythischer und religiöser Vorstellungen. Diese findet ihren stärksten Ausdruck in gewissen Objekten, die man den Toten mitgab. Man hat sie mit verschiedenen Namen belegt, hinter denen sich unsere Unkenntnis bezüglich ihrer Funktion verbirgt: Standarten, Stangenbekrönungen, Idole oder einfach Talismane. Die Motive beider Kategorien, Tiere und Standarten, werden auch an Schmucknadeln verwendet; sie müssen also von universaler Bedeutung im Leben der Luristanis gewesen sein. Wir wollen hier sowohl die eine wie die andere Art von Luristanbronzen betrachten.

Bei den *Tieramuletten,* die oben eine Öse haben, um als Anhänger zu dienen, sind Steinbock und Bergschaf besonders häufig. Im Wachsausschmelzverfahren hergestellt, erscheinen die meisten Stücke — ein jedes stellt ein einmaliges Original dar — ganz dem Leben abgesehen (Abb. 55, 56). Charakteristisch für die Luristan-Bronzen sind kleine mit Rillen versehene Querbänder.

Schon stilisierter ist ein Bronzehirsch (Abb. 57) von Amlasch (Gilan). Funde von Amlasch, einem Städtchen in der Hochebene Irans südwestlich des Kaspischen Meers, sind ebenfalls sehr gesucht. Stilistisch von den Luristanbronzen etwas verschieden, haben sie Beziehung zu Objekten aus den Königsgräbern von Marlik Tepe. Der Hirsch mit dem übergroßen Geweih wirkt, verglichen mit den Tieren von Luristan, abstrakt. Andere Kleinbronzen und Terrakotten von Amlasch, insbesondere weibliche Figuren und Terrakotten, weisen eine noch abstraktere, modern anmutende Auffassung auf.

Eine Bronzenadel aus Luristan hat als Ornament einen stilisierten Frosch (Abb. 58). Die harmonische Formgebung und der rhythmische Verlauf der Kurven und Linien hat hier den hohen Grad von Vollkommenheit erreicht, der für viele Luristanbronzen typisch ist. Mit dem Naturreich, in dem sich die lebensnahen Schafe und Steinböcke tummeln, hat dieser Frosch wenig zu tun. Das heraldisch wirkende kleine Objekt hat mit dem Naturfrosch nur die Idee gemeinsam, aber dies in sehr überzeugender Weise, und damit läßt sich gut leben. Zur Kategorie (2) der Fabel- oder Mischwesen gehört die Bekrönung einer anderen Schmucknadel (Abb. 59). Der Schaft, von dem nur die Basis erhalten ist, bestand aus Eisen. Das Tier hat die Form eines kauernden Bullen, den Kopf eines Greifen und eine Andeutung von Flügeln, die ihre Ansatzstellen an den Knien haben.

Die Bewohner von Luristan waren mit ihren Pferden im Leben und im Tode verbunden. An vielen Teilen des Pferdegeschirrs finden sich die luristanischen Motive. Vor allem die Pferdegebisse, die statt der Trensenknebel seitlich mit Gebißplatten versehen waren, stellen Tiere

58 *Frosch. Oberer Teil*
einer Schmucknadel.
Bronze. Höhe 4,5 cm.
800—700 v. Chr.
Luristan.

vielerlei Art, vor allem Pferde, Menschen, Fabeltiere und Kompositionen mit zoomorpher Junktur dar. Man hat sie in den Gräbern gefunden. Da viele Gebisse keinerlei Abnutzungsspuren zeigen, handelt es
sich wahrscheinlich um Votivgaben. Die Skythen bestatteten bekannt-
lich die Toten mit ihren Pferden; in Luristan dienten die Gebisse als
Ersatz für das irdische Reittier.

Die Platten des abgebildeten Gebisses (Abb. 60, 61) zeigen einen
Pferdetyp mit langem Eselsschwanz. Es ist kein stolzes Reittier,
sondern schreitet daher wie unter einer Bürde. Viele andere Typen von
Gebißplatten von der oben angedeuteten Art sind gefunden worden
und kommen gelegentlich im Handel vor.

Ein Objekt aus Luristan ist für den Sammler unverkennbar. Ihn interessieren insbesondere gewisse als Idole bezeichnete Formen, die uns

76

59 *Greif. Oberer Teil einer Schmucknadel. Bronze. Höhe 4 cm. Länge 4 cm. 800—700 v. Chr. Luristan.*

eine Idee geben, wie man sich die Gottheiten vorstellte. Ein solches Idol besteht aus drei Teilen, einer hohlen, flaschenförmigen Basis, die man auch Ständer nennt, einem zentral durchbohrten figürlichen Oberteil (dem eigentlichen Idol), und einer Nadel mit Kopf, bzw. einer dünnwandigen Bronzeröhre, die das Idol mit der Basis verband (Abb. 62). Diese Zusammenstellungen befanden sich angeblich beim Kopf der Toten.

Was stellt das Idol dar? Seine Grundform ist inspiriert vom alten mesopotamischen Gilgameschmotiv des Helden zwischen zwei sich aufbäumenden und von ihm im Schach gehaltenen Tieren (Abb. 63). Wenn dies Motiv auch formal von dem sehr ähnlichen der mesopotamischen Rollsiegel abstammt (vgl. voriges Kapitel), so hat doch wohl bei diesen Idolen die Gestalt des Helden eine spezifische Beziehung zur iranischen Religion. Die Motive wirken phantastisch und schwer verständlich, weil wir nur Mutmaßungen über ihre Bedeutung für die Luristani aufstellen können. Man gab sie den Toten mit, und daneben

77

60 *Gebiß. Bronze. Weite 17,4 cm. Höhe der Pferde 6,5 cm. Länge 10,4 cm. 800—700 v. Chr. Luristan.*

61 *Eine andere Ansicht desselben Gebisses.*

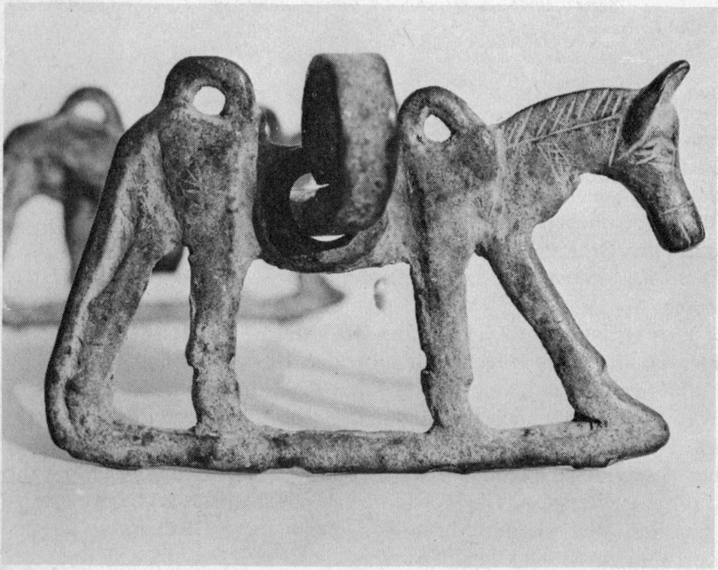

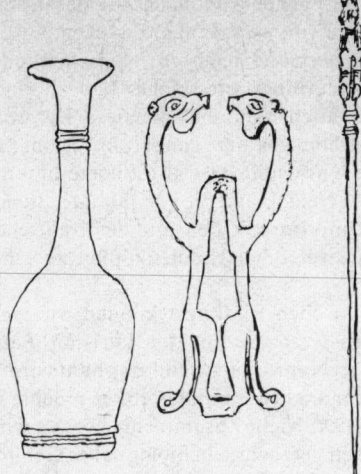

62   Die drei Teile eines Idols,
auseinandergenommen:
Links: Unterteil.
Mitte: Oberteil, sich gegenüber-
stehende Panther oder Löwen.
Rechts: Die Nadel, die Ober- und
Unterteil verbindet.
Luristan.

63   Das Luristan-Idol mit dem Gilgamesch-Motiv
und den Hahnenköpfen.

dienten sie wahrscheinlich als Stangenbekrönungen — der offene Boden der Untersätze deutet darauf hin — sakralen Zwecken.

Manche Idole sind sehr kompliziert und reich an magischem oder religiösem Gedankengut; äußerlich erinnert ein solches Idol an einen nordamerikanischen Totempfahl; auch ohne eingehendere Kenntnis seiner eigentlichen Bedeutung bleiben uns der wunderbare geometrische Effekt des Stückes und seine Kuriosität. Das abgebildete Idol hat mehrere Gesichter. Der Körper des Helden und die von ihm gehaltenen Tiere werden durch zoomorphe Junktur mit den aus der iranischen Religion bekannten seitlich heraustretenden Hahnenköpfen zu einer Einheit verschmolzen.

Die Darstellung der mesopotamischen Bildkunst können wir »verstehen«. Ihr Symbolismus bleibt in Grenzen. Für den Luristani hatte das eben beschriebene Idol Realität. Nur uns erscheint es phantastisch. Gerade solch ein Geheimnis zieht manchen Sammler an, er möchte es besitzen. Was geschieht da nicht alles! Nicht Zusammengehöriges wird verbunden, das Unmögliche möglich gemacht, ein biologisches Gebilde geschaffen, das nur in der künstlerischen Gestalt lebensfähig ist. Aber als es geschaffen wurde, hat es wohl der leidenschaftlichen Suche nach Sinn und dem frommen Selbstbetrug gedient und war als Idol Gegenstand der Anbetung.

Die Bronzegießer von Luristan haben sich viel Mühe gemacht, immer wieder andere Kombinationen solcher Idole anzufertigen, bei denen neben realistischen Tierformen Fabeltiere sowie männliche und weibliche Gottheiten auftreten. Die Entwicklung begann aber mit relativ einfachen Formen. Bei einem verhältnismäßig frühen Idol sehen wir zunächst zwei sich einander gegenüberstehende stilisierte Löwen (Abb. 64). Am Maul und an den Augen ist die Struktur des Wachsmodells zu erkennen. Die Einzelheiten wurden mittels kleiner aufgelegter Wachsrollen geformt. Eine hier fehlende Nadel mag am Kopfende die Figur des Helden oder der Gottheit, die das mythische Thema beherrscht, getragen haben. Was über die oben beschriebene Frosch-Nadel gesagt wurde, trifft auch hier zu: das rhythmische Spiel der Kurven ist von ausgesuchter, für diesen Formenkreis typischer Eleganz.

Bei der folgenden Bronze (Abb. 65) sieht man, was die Tiere vorhaben. Sie befinden sich im Kampf mit der Figur in der Mitte, aus der sie hervorzuwachsen scheinen, die sie aber zur gleichen Zeit bändigt. Die Ohren des Helden oder Gottes sind sehr verlängert. Oder sind es Hörner? Der Gesamteindruck der Komposition ist noch immer schön, die zoomorphe Junktur macht sie interessant. Bei einem stark patinierten,

 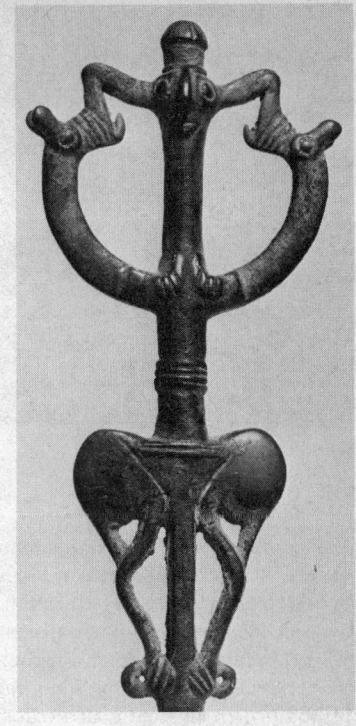

64   *Links: Idol. Bronze. Höhe 11,8 cm. 800—700 v. Chr. Luristan.*

65   *Rechts: Idol. Bronze. Höhe 17 cm. 800—700 v. Chr. Luristan.*

sehr massiv wirkenden Idol bleiben von dem sich in zoomorpher
Junktur befindlichen Helden nur der Kopf und der Rumpf übrig
(Abb. 66). Die Löwen bestehen aus Kopf und Tatze, die oberhalb der
Gürtellinie aus dem Helden hervortreten. Besonders der untere Teil der
Komposition ist rhythmisch gut gelungen. Dies fällt besonders ins Auge,
wenn man die Figur auf den Kopf stellt und umgekehrt betrachtet. Bei
näherer Untersuchung zeigen sich bei vielen dieser Objekte eigentümliche Verwandlungseffekte. Um sie zu finden, muß man die Gegenstände umkehren oder drehen. Es soll an dieser Stelle darauf aufmerksam gemacht werden; es ist sicherlich kein Zufall. Diese Art von

66 *Idol. Bronze. Höhe 9,5 cm.*
800—700 v. Chr. Luristan.

Vexierspiel ist sehr unterhaltsam und einer eingehenden Untersuchung wert. Der Bronzekünstler von Luristan hatte Humor; wir sehen dies an den kleinen, realistisch geformten Tieramuletten. Wollte er vielleicht die sakralen Objekte ebenfalls ein wenig entkrampfen, auf diskrete Weise, indem er aus ihnen für diejenigen, die Bescheid wußten, kleine Vexierspiele machte? Ihm kam dabei die Tatsache zu Hilfe, daß überfüllte Formen vieldeutig zu werden pflegen und sich, wie das bei manchen Naturspielen der Fall ist, einem Formenchaos nähern, das jedem Beschauer die Wahl läßt, das ihm Gemäße herauszusehen.

Ein von der Standartenform abgeleitetes röhrenförmiges Votivobjekt zeigt nur den Kopf des »Helden« und ist zweiseitig modelliert. Ein großer Mund, eine prominente Nase und zwei hornartige Ohren fallen auf (Abb. 67, 68). Wenn man das Objekt umdreht, also von der verkehrten Seite her betrachtet, so zeigt sich überraschend ein anderes, neues Gesicht (Abb. 69, 70).

Fortschreitende Stilisierung zeigen drei aus Bronze bzw. einer an Silber erinnernden Legierung hergestellte Nadeln, die sämtlich das Motiv des »Helden zwischen den Tieren« tragen (Abb. 71). Die erste Nadel aus Bronze zeigt in Frontalansicht zwei Drachen (?), die den Kopf des »Helden« attackieren. Die gesamte Art dieses Kopfes mit langen Locken erinnert sehr an eine Darstellung auf einem Rollsiegel der Uruk-Periode in der Pierpont Morgan Bibliothek in New York,

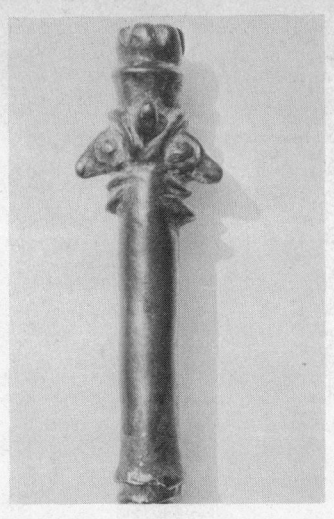 

67 *Votivgegenstand. Röhrenförmig. Bronze. 800—700 v. Chr.* — 68 *Um 90 Grad gedreht.* — 69 *In normaler Stellung betrachtet.* — 70 *In umgekehrter Stellung betrachtet. Vgl. Text.*

71   *3 Votivnadeln. Bronze. Einseitig. Die mittlere und rechte besitzen Nadeln aus Eisen. Von links nach rechts: Länge 18,2 cm. 18,3 cm. 18 cm. 1100—700 v. Chr. Luristan. Fortschreitende Stilisierung des Gilgamesch-Motivs. Umgekehrt betrachtet, verwandeln sich die Muster. Vgl. Text.*

die zweitausend Jahre älter ist. Bei der zweiten Nadel (ein weiteres Zwischenglied ist hier fortgelassen) wird das Gilgamesch-Motiv so zusammengezogen, daß man ein einziges Gesicht zu erkennen meint, das besonders hervortritt, wenn man die Abbildung umkehrt. Bei der dritten Nadel erscheinen spiralförmige Gebilde und knopfartige Zentren. Aber auch hier sind Mund, Frisur und Augen noch erkennbar. Auch diese Komposition, umgekehrt, ergibt ein neues Gesichtsmuster, bei dem Auge und Nase den Mittelpunkt bilden. Auch das Motiv der Erdmutter bzw. Herrin der Tiere ist bei den Kleinbronzen Luristans vertreten. Der abgebildete Nadelkopf, der einseitig modelliert — wie die meisten Votivnadelenden — ist, hat wieder das Gilgamesch-Motiv als Grundlage (Abb. 72). Die Komposition ist kreisförmig; der Körper der Zentralfigur bildet eine senkrechte Diagonale, die durch den prominenten Nasenrücken des im Steppenstil übertrieben großen Kopfes betont wird. Die Körper der Löwen oder Drachen bilden ein Kreisband, das die Komposition zusammenhält. Der verbleibende Raum wird ausgefüllt durch zwei geschwänzte Vierfüßler, die seitlich auf der Figur in der Mitte stehen. Spiralen füllen die Zwischenräume. Die Löwen beißen die Hörner, die anderen Tiere die Ohren der Person in der Mitte, die in der Orans-Stellung die Arme erhebt. Die Figur in der Mitte ist weiblich oder zwittrig. Sie mag eine Fruchtbarkeitsgöttin, also Herrin der Tiere, darstellen. Aber warum hat sie eulenartige Füße? Das erinnert an die Göttin Lilith aus dem Gilgamesch-Epos und dem Alten Testament und vor allem an babylonische Terrakotta-Reliefs der Lilith aus dem Anfang des 2. Jahrtausends v. Chr. Dort steht sie auf Löwen bzw. Steinböcken (Abb. 73). Die Allmutter, die Göttin, die unter

72 *Votivnadel. Bronze. Einseitig; oberer Teil. Breite 8,3 cm. Höhe 8,8 cm. 900—700 v. Chr. Luristan. ›Herrin der Tiere‹. Vgl. Text.*

73 ›Lilith‹ — geflügelte Göttin, auf zwei Steinböcken stehend. Gebr. Ton. Höhe 20 cm. Babylonisch. Larsazeit. Anfang 2. Jahrtausend v. Chr. Louvre, Paris.

vielen Aspekten erscheint und zu allen Zeiten das Wesen der Welt ergänzt, hat keinen bestimmten Namen. Man kennt sie auch in Luristan. In einem kleinen, schön patinierten Bronze-Idol zeigt sie sich mit den klauenartigen Füßen (Abb. 74). Auch dieses Stück ist der Länge nach durchbohrt, wahrscheinlich für die Aufnahme einer Nadel. Die Sanduhrform entspricht den marmornen Venusfiguren Anatoliens und der Kykladen. Die klauenartigen Füße entsprechen denen der »Schreieule« Lilith.

74 *Muttergöttin. Bronze mit glatter tiefgrüner Patina. Höhe 7,3 cm. Ca. 1000 v. Chr.*
Luristan. Eulenartige Klauen erinnern an ›Lilith‹-Darstellungen. Vgl. Text.

Skythische Kleinkunst

Die Skythen waren Reiter-Nomaden, die im 8. Jahrtausend v. Chr. die Kimmerer aus den eurasischen Steppengebieten verdrängten und anschließend sich in den Regionen westlich der Wolga und nördlich des Schwarzen Meeres aufhielten. Älteste Funde in Südrußland (650—600 v. Chr.) und in Urartu zeigen eigenen Stil, doch bald macht sich der griechische Einfluß geltend. Es bestanden Handelsbeziehungen mit den griechischen Kolonien an der Schwarzmeerküste. Auch von anderer Seite nahm die skythische Kunst fremde Elemente auf, so vom achämenidischen Persien in Zentralasien und im Osten von China. Die außerordentlichen Schätze skythischer Kunst, die sich in den Museen der UdSSR befinden, konnten in den letzten Jahren außerhalb ihres Heimatlandes von vielen bewundert werden. Die kraftvollen, in sich geschlossenen Formen des skythischen Stils und die von griechischen Handwerkern für skythische Fürsten geschaffenen Goldobjekte, bei denen griechischer Geist und griechisches Gefühl für Ausgewogenheit sich dem skythischen Stil anpaßten, sind ebenso schön wie spektakulär.

Der skythische Tierstil übte jedoch seinen Einfluß über sehr ausgedehnte Regionen aus; der Sammler begegnet zahlreichen Objekten, vor allem Kleinbronzen mit skythischen Stilmerkmalen. Wie weit erstreckte sich der Einfluß skythischer Formen, und was charakterisiert diese?

In Westasien ist er deutlich in verschiedenen Gebieten des Iran, ebenso aber in Europa. Er wirkt über die Sarmaten auf die provinzialrömische und auf die gotische Kunst. Man hat den Weg nach Ungarn verfolgt, nach Thrakien und Vettersfelde in der Lausitz. Skythische Formen gelangten in fernöstliche Regionen über Sibirien (Minussinsk) bis in chinesisches Gebiet (Ordos).

Der »Steppenstil«, welcher der Jagd und magischen Vorstellungen sein Entstehen verdankt, umfaßt zahlreiche, zur Pferdeausrüstung und zur Gewandung gehörige Objekte, viele Beschläge, Stangenbekrönungen und Schmuckgegenstände. Sie zeigen durchweg miteinander kämpfende Tiere, darunter Löwen, Eber, Steinböcke, Hirsche, Fische, Vögel und hybride Fabeltiere. Vielfach bestehen Objekte nur aus den Köpfen solcher Tiere, den Schenkeln von Pferden usw.

Das besondere Merkmal der skythischen Kunstwerke ist nun aber die fest umrissene Form, innerhalb derer die einzelnen Elemente, meist kämpfende Tiere, in höchster Spannung wie arretiert erscheinen. Ge-

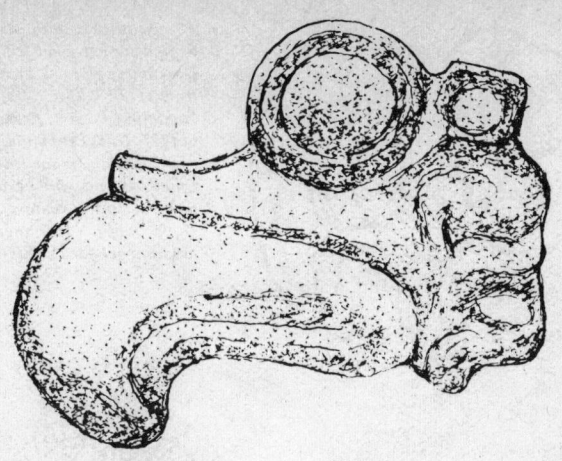

75 Zaumplatte. Bronze. Länge 4,1 cm. Skythisch. Ca. 450 v. Chr. Krim. Eremitage,
Leningrad.

76 Tierkampfszene. Goldplatte. Länge 19,3 cm. Skytho-sibirischer Stil. 5.—4. Jh. v. Chr.
Sibirische Sammlung Peter I., Eremitage, Leningrad, Si 1727, 1/6.
Löwengreif, ein Pferd attackierend.

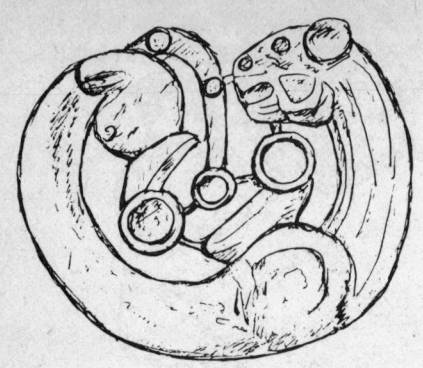

77   Rolltier. Schildbeschlag.
*Skytho-sarmatischer Stil. Gold.
Durchmesser 11 cm. Spätes 7. bis
frühes 6. Jh. v. Chr. Sibirische
Sammlung Peter I., Eremitage
Si 1727, 1/88, Leningrad.
   Die Rollung, schon früher in
China bekannt, wird bei den
Skythen zur Konvention. In den
napfförmigen Vertiefungen waren
ursprünglich farbige Einlagen.*

78   Tierkampfszene. Beschlagstück.
*Bronze, gegossen. Auf der Rückseite Öse.
Leichtgrüne Patina. Höhe 7,6 cm, Breite
4,8 cm. 200 v.—200 n. Chr.
Aus dem Ordos-Gebiet. Frosch mit spitzem
stilisiertem Kopf attackiert von Schlangen
oder agama Eidechsen mit Grätenmuster.
Zeichnung vom Original.*

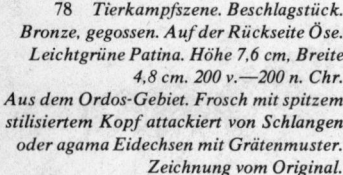

wölbte Flächen werden scharf gegeneinander abgesetzt (Abb. 75). Zwei
andere Kompositionsprinzipien, die Spannung schaffen, sind die bereits erwähnte »Zoomorphe Junktur« und die »Inversion«. Erstere Be-
zeichnung bezieht sich auf freie Verbindung nicht zusammengehöriger
Teile verschiedener Tiere. Inversion ist die Drehung des hinteren Teiles
eines Tieres um 180 Grad, wie sie das Pferd zeigt (Abb. 76). Oft erscheint ein Einzeltier als »Rolltier« in eine Kreisform gespannt
(Abb. 77). Diese Rollung war schon früher in China bekannt; die
Skythen verwendeten sie systematisch.

Die Tierkampfszene, in der ein spitzköpfiger Frosch von vier spitzköpfigen Reptilien angegriffen wird, ist ein bronzenes Beschlagstück aus dem Ordos-Gebiet, aus der Zeit der Han-Dynastie (Abb. 78). Es zeigt den skythischen Einfluß. Die vier Angreifer stellen wahrscheinlich Schlangen dar. Des Grätenmusters wegen hat man an *agamas* gedacht, die in der dortigen Steppenregion leben.

Der skythische Kunststil erklärt sich weitgehend aus dem Nomadenleben. Der Nomade, in steter Bewegung, hat nicht die Muße, einen »Tempel für Apoll« zu errichten. Die Skythen interessierte allein der Kampf ums Dasein, und ihn stellten sie dar. Sie überließen es den griechischen Kunsthandwerkern, die für sie arbeiteten, den Auftrag idealer zu gestalten.

Ägypten

Kultureller Hintergrund.
Die Kunst des Lebens für die Dauer

Die Sphinx blickt uns wie ein Rätsel an. Sie bewahrt ihr Geheimnis. Die Riesenpyramide, die hinter ihr sichtbar ist, nicht. Sie sagt uns, warum man sie baute. Dem Pharao kam es auf Dauer an. Ein jeder Ägypter sorgte sich um Dauer. Der Lehrmeister des Ägypters war die Landschaft, in der er lebte. Er war so sehr von der Gesetzmäßigkeit und dem Ewigkeitscharakter aller Erscheinungen in ihr erfüllt, daß sich dieses Bewußtsein auf seine Kunst übertrug. In diesem Geist schuf er die Werke, große, kleinere und allerkleinste, die wir erstaunt betrachten: Tempel, Statuen, Statuetten, Juwelen, von denen ein jedes dasteht wie ein funkelndes Symbol des bunten formenreichen Lebens, das aus der Unsterblichkeit kommt und wieder in sie eingeht. Dies Gefühl, ja beinahe die Überzeugung, daß dem so ist, überträgt sich auf uns, unerbittlich, unerschütterlich und beglückend. Mögen die Mythen, die der Ägypter ersann, und die Vorstellungen, die er sich im Laufe der Zeit über die Struktur der Welt machte, noch so unrealistisch und gewagt erscheinen, seine Kunst überzeugt. Die Werke, die er hinterlassen hat, sind dauerhafter als die Wirklichkeit: Ihre Aussage ist eindeutig, ihr Anspruch ist Ewigkeit.

Von allen Kreaturen denkt allein der Mensch über den Tod nach. Nur er empfindet, daß er in zwei Welten leben muß; eine, mit der er sich bewußt auseinandersetzen und in der er sich erfüllen kann, und eine, in der er war und in die er gehen wird, und von der er gar nichts weiß. Der Gedanke ist unbehaglich. Soweit möglich, helfen Religion und Philosophie, die Situation zu erhellen oder zu versachlichen.

Anders als Gilgamesch, der sich auf eine wilde Jagd nach der »Pflanze des ewigen Lebens« begibt, versucht der Ägypter dem Problem beizukommen, in zwei Welten leben zu müssen.

Zunächst gründete er eine Kultur, die in ihren Grundlagen dreitausend Jahre unverändert bestehen blieb. Eine Reihe von Stämmen aus verschiedenen Gegenden hatten an den Ufern des Nils Fuß gefaßt. Sie kultivierten die Landschaft. In ihr war das Leben ein rhythmischer Prozeß. Fruchtbarkeit hing ab vom jährlichen Auf- und Abschwellen des Flusses und der täglichen Wiederkehr des Sonnengestirns aus der Nacht. Das Bild der unveränderlichen Wüste verbürgte Dauer. Wie sollte nicht genauso der Abschnitt des menschlichen Lebens, der im Dunkel verläuft, durch Gesetz mit dem verbunden sein, dessen man sich im Licht erfreute und das man so bewußt kannte und schätzte?

Wenn der Ägypter einen Angehörigen oder Freund durch den Tod verlor, dann klagte er laut um die verlorene Lebensgemeinschaft. Wie sollte ihn die Frage nach dem Danach nicht beschäftigt haben. Aber die Unberechenbarkeit des Lebenslaufs schreckte ihn nicht ab, etwas Positives zu unternehmen. Er war überzeugt, daß man das Leben verlängern könne, wenn man den Körper mumifizierte. Gewisse Riten würden sodann der Seele ermöglichen, in den Körper zurückzukehren, und der Verstorbene würde das gewohnte Leben ungetrübt auf ewig fortsetzen. Unsterblichkeit war demnach etwas, was man sich, wie alle Güter, erarbeiten und erkaufen konnte. Leben im Jenseits war ein Problem, das man im Diesseits löste. Dazu aber gehörte beträchtlicher materieller Aufwand, und ein umständliches religiöses Zeremoniell war erforderlich. Dies hat zu dem Mißverständnis geführt, der im Grunde so optimistische Ägypter sei über den Durchschnitt melancholisch und mit Todesvorstellungen beschäftigt gewesen. Er war nicht anders als andere Menschen. Nur seine originale Methode, ein existentielles Problem zu meistern, nahm einen großen Teil seiner sichtbaren Zeit in Anspruch. Vergessen wir nicht, Tod war für den Ägypter kein wissenschaftliches Faktum. Er war überzeugt, daß nicht sein kann, was nicht sein darf; man mußte nur Maßnahmen treffen, die Verwesung des Leibes aufzuhalten.

Uns mag die Art, aus dem Toten ein Dauerpräparat zu machen und dieses wieder zu beleben, unrealistisch und naiv erscheinen. Aber man lebte damals noch mit dem Gedanken- und Gefühlsgut der Urzeit. Wenn ein Gott gleichzeitig Pharao oder Falke sein, in der Form der Sonnenscheibe oder eines Skarabäus-Käfers erscheinen konnte, dann durfte auch der Mensch mit ungewöhnlichen Verwandlungen rechnen, wobei er nach dem Prinzip der Konsubstantialität seine Identität nicht zu verlieren brauchte.

Der Verstorbene wurde durch einen langwierigen Mumifizierungsprozeß, verbunden mit magischem Ritual, zu dem auch eine Ausrüstung mit schützenden Amuletten gehörte, in ein unverwesbares Götterbild (Osiris) verwandelt.

Ein Abbild des Toten, erkenntlich für seine entflohene Lebenskraft, stand in der Grabkammer. In dieses kehrte das Prinzip, das den Toten unsterblich machen würde, zurück. Der Tote brauchte außerdem Nahrung für seine Aufgaben im Jenseits, bei denen ihm zahlreiche Helferfiguren (Uschebtis) zur Seite standen. Die Nahrung konnte in Form von realem Brot verabreicht werden. Aber auch ein Symbol würde genügen: ein Modell des Brotes, ein Wandbild, ja sogar das geschriebene oder lediglich ausgesprochene Wort »Brot«.

Es war in der Tat ein mythisches Universum, in welchem der Ägypter lebte. Ein kleiner Skarabäus-Käfer rollte vor sich her eine Mistkugel, eine der verschiedenen Erscheinungsformen der Sonne. Wenn dies kein Wunder war, warum sollte es die Wiederbelebung einer Mumie sein? Noch bis in das letzte Jahrhundert glaubte die moderne Wissenschaft an Urzeugung (Generatio spontanea). Man verstand darunter die Entstehung aus unbelebter Materie von gewissen niederen, dabei aber schon verhältnismäßig hoch differenzierten Organismen. Heute lächelt man über diesen Glauben.

Das ägyptische Pantheon

Kulturelle Differenzierung und Symbiose bleiben nicht ohne Einfluß auf den religiösen Sektor einer Zivilisation. Den Bewohnern von Çatal Hüyük genügten einige wenige Gottheiten. Das ägyptische Pantheon besaß viele und in den verschiedensten Erscheinungsformen. Das hatte gute Gründe. Stämme unterschiedlicher Herkunft waren in das Niltal eingewandert; Ägypten war ein »Schmelztiegel« mit einem umfangreichen Bedarf an Göttern. Bei Umwälzungen waren die Priester im allgemeinen interessiert, die Götter der von ihnen vertretenen Gruppe am

Leben zu erhalten oder sie zumindest geänderten Verhältnissen anzupassen. Die Pharaonen, die ursprünglich eine Mittlerstelle einnahmen, wurden erst verhältnismäßig spät selbst als Götter angesehen.

Die alten ägyptischen Stammesgottheiten waren assoziiert mit sehr realen Funktionen. Man verband sie mit Naturphänomenen, mit der Schöpfungskraft, der Sonne und der Fruchtbarkeit. Der Osiris-Mythos und der Osiris-Kult wurden Mittelpunkt des Totenkultes. Das Schicksal dieses Gottes symbolisierte für den Verstorbenen Tod und Wiedergeburt. Für den Toten begann mit der Auferstehung und dem neuen Leben eine neue Periode der Fruchtbarkeit. Osiris war das illustre Symbol, das die Bereiche des Lebens und des Todes verband.

Dem Ägypter müssen die vielen sich zum Teil widersprechenden, zum Teil überschneidenden Funktionen und Attribute seines vielköpfigen Pantheons schließlich als reine Dichtung erschienen sein, die der Erklärung des Kosmos diente und die Moral förderte. Gab es doch Gottheiten, die man mit der Schöpfung selbst in Verbindung brachte, andere, die mit der Geburt, mit dem Tod, mit bestimmten Schutzfunktionen, unter anderem mit dem Schutz der Pharaos, betraut waren. Es gab vergöttlichte Menschen und heilige Tiere. Dies alles fand in großen Bildwerken und ungezählten kleinen Kunstgegenständen bildlichen Ausdruck.

Der Künstler in seiner Werkstatt hatte die Aufgabe, dem Sakralen plastische Gestalt zu geben. Schon in frühdynastischer Zeit wurden Regeln für die Art der Darstellung festgelegt. Das Bild sollte eine höhere Realität vorstellen und das Individuelle in den Hintergrund treten lassen. Um innerhalb der Grenzen der Konvention glaubwürdig zu bleiben, mußte eine Skulptur ein Maß von Leben besitzen. Und hier zeigte sich die Fähigkeit und Größe des ägyptischen Bildners, der wie kein anderer zuvor es vermochte, den toten Stein sprechen zu lassen. Das Bild des toten Pharao in der Grabkammer scheint zu leben. In der sakralen Skulptur des Künstlers, aus Stein, Holz oder Metall, vollzieht sich das Wunder: Das Leben, das sie darstellt, hat die Qualität der Dauer.

Statuetten

Bei der Herstellung von Statuetten war dem ägyptischen Künstler größere Freiheit gegeben; Plastiken von großer Anmut, vornehmlich der 18. Dynastie, sind einmalige Sammelobjekte. Den Damen und Herren der ägyptischen Gesellschaft lag viel daran, ihr Porträt der Nachwelt nicht nur in Lebensgröße, sondern auch en miniature zu hinterlassen. Der Ägypter hatte außerordentliches Gefallen an wohlgeformten, kleinen Objekten. Man erfreute sich ihrer, während man lebte, und gab sie auch den Toten mit.

Überschlagen wir kurz den Werdegang der Statuette. In vorgeschichtlicher Zeit begrub man mit den Toten kleine rohgearbeitete Tonstatuetten. Sie mögen die Vorläufer der späteren Dienerfiguren (Uschebtis) gewesen sein. Elfenbein wurde ebenfalls früh verwendet. Es existieren vom Anfang des 4. Jahrtausends v. Chr. frühdynastische Arbeiten, beispielsweise aus Abydos, in naturalistischem Stil und feiner Ausführung. Das grundlegende Schema der Skulptur wurde im Alten Reich entwickelt. Die Form der Statue oder Statuette wurde aus einem sechsseitigen Block erarbeitet in einer Weise, daß die Körperflächen der dargestellten Person den Seiten des Blockes parallel waren. Dieser Kanon wurde seit der 4. Dynastie bis an das Ende ägyptischen Kunstschaffens beibehalten, selbst bei den kleinsten, als Amulette dienenden Plastiken (vgl. Abb. 100). Die Körperform, insbesondere das Gesicht, wird vor allem im Mittleren Reich (um 2000 v. Chr.) feiner modelliert. Die Grabstätten aus dieser Zeit enthalten Dienerfiguren aus Holz. Darunter gibt es bemalte, sehr schön modellierte Figuren opfertragender Mädchen, auch Boote mit Besatzung, sämtlich aus Holz. Im Handel sowie auf Auktionen erzielen diese Seltenheiten entsprechende Preise.

Im Mittleren Reich und in der Zweiten Zwischenperiode (1950 bis 1500 v. Chr.) gibt es kleine Bildwerke aus Elfenbein, Holz und Bronze. Sie haben die Form von tanzenden Zwergen, Landarbeitern und anderen realistisch gesehenen Motiven; sie sind meist voller Leben und amüsant (Abb. 79). Schon vor der Regierungszeit des ketzerischen Echnaton, der die Sonnenscheibe zum Staatsgott machte, setzte sich ein naturalistischer Stil durch. Könige wurden so dargestellt, wie sie aussahen. Hierher gehören die oben erwähnten lebensgetreuen Holzstatuetten von Damen des Hofes und ähnliche Figuren. Der Tell el Amarna-Stil des Neuen Reiches bringt einen hohen Grad der Verfeinerung in allen plastischen Künsten. Auch nach dem Tode Echnatons und der Rückkehr zum alten Glauben und zum alten Stil bleibt der

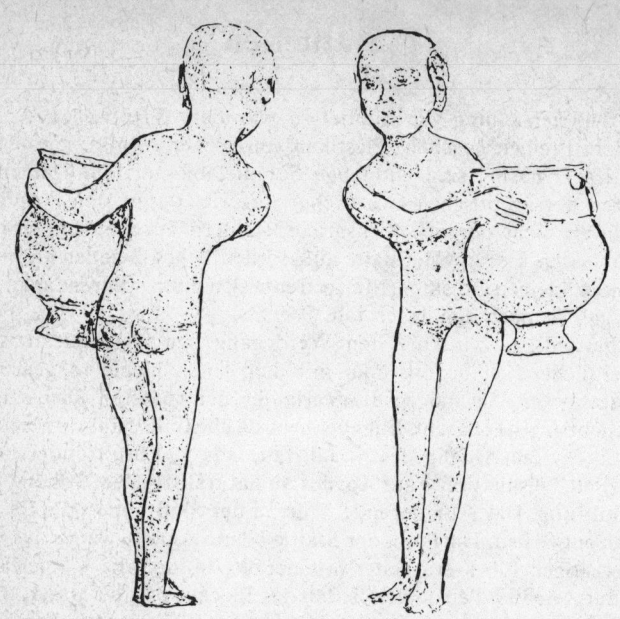

79   Die Ausnahme:

Statuette einer jungen Negerin mit einem Krug. Buchsbaumholz. Höhe 13 cm. Wahrscheinlich vom Grab des Mery-ptah in Theben. Ende der Regierung von Amenhotep III. (1405 bis 1370 v. Chr.). Oriental Museum, Durham University. Zeichnung nach Lichtbild in C. Aldred, New Kingdom Art.

Gelegentlich, wenn der ägyptische Bildner Fremde oder zur Dienerschaft gehörige Personen darstellte, folgte er nicht dem traditionellen Formenkanon seines Landes. Da er hier die Wirkung einer ungleichmäßig verteilten Last auf die Körperhaltung des jungen Mädchens zeigen wollte, konnte er die Figur nicht wie üblich vom Würfel her konstruieren. Im vorliegenden Fall ist der Effekt nicht statisch, ruhig und monumental, sondern realistisch, drehend bewegt, um das Gleichgewicht zu erhalten. Die Symmetrie ist dynamischer Natur, nicht geometrisch.

allgemeine künstlerische Standard noch recht hoch. Dann erfolgte der Niedergang. Unter den Königen aus Sais (Saïten, 26. Dynastie, 663 bis 525 v. Chr.) wurden schöne Arbeiten geschaffen. Aber bald wird die Kunst archaistisch. Vieles hatte dazu beigetragen, der ägyptischen Zivilisation ihren anfangs so kraftvollen und optimistischen Charakter zu nehmen. Resignation setzte ein. Die Kunst kopierte die alten Formen; man sehnte sich nach den »guten alten Zeiten«. Aber trotz des Nachlassens des schöpferischen Impulses bot die plastische Kunst den nachfolgenden Griechen und Römern noch so viel Inhalt und optischen Reiz, daß diese im ägyptischen Raum ihre eigenen Schöpfungen der Tradition anpaßten und sich selbst in ägyptischer Haltung und mit ägyptischen Attributen darstellten.

Das Tier

Dem instinktklugen Tier hat sich der Mensch immer eng verbunden gefühlt. Der Altsteinzeitjäger jagte es, aber mehr noch fürchtete und bewunderte er es. Es war für ihn ein Punkt des Kontaktes mit dem Übernatürlichen und Numinosen. Der Bauer der Neusteinzeit züchtete das Tier. Man richtete es ab zu Sport und Spiel und Krieg. In unserer Zeit mechanisierten Stadtlebens besuchen wir zoologische Gärten, wo wir uns an eine Natur erinnern, die uns zu entgleiten droht. In der ägyptischen Mythologie kann man verfolgen, wie aus den Fetischen bzw. den Totems der in das Niltal eingewanderten Stämme weniger anonyme, persönliche Gottheiten wurden. Diesem theologischen Prozeß mußte sich folgerichtig die Verehrung des Tieres anpassen. Der Ägypter wußte Tiere sowohl allein wie in ihrem Milieu natürlich und mit Humor darzustellen (Abb. 80, 81, 82). Er umgab die Toten mit solchen Bildern. Sie sollten an das Leben erinnern. Er stellte die Tiere aber auch anders dar. Nämlich dann, wenn sie als Tiergottheiten auf-zutreten hatten, oder als Götter in Tiergestalt. Bestimmte, darunter auch domestizierte, galten als heilig, vor allem Katze, Ibis, Falke, Ichneumon und Skarabäus. Widder und Stiere hielt man in Tempeln, mumifizierte sie und begrub sie in für sie reservierten Friedhöfen. Die Kompliziertheit der ägyptischen Mythologie ist beträchtlich. So konnte der Gott des Wissens und Schreiber der Götter und auch sonst unend-lich vielseitige *Thot* als Pavian, Ibis oder ibisköpfiger Mann mit Mond-scheibe und Mondsichel auftreten. Als Totengott wurde er dargestellt mit den Attributen des Osiris, der Krone mit Sonnenscheibe, Uräus-Schlange und Hörnern.

Die ägyptische Phantasie erschafft imaginäre Gottheiten und kombi-niert nach Bedarf Eigenschaften aus den verschiedensten Naturrei-chen. So verleiht sie den Gottheiten in Menschengestalt große Kraft, indem sie ihnen Tierköpfe aufsetzt und somit auf sie die Qualitäten des funktionell vollkommenen Tieres überträgt. Und andererseits stellt sie

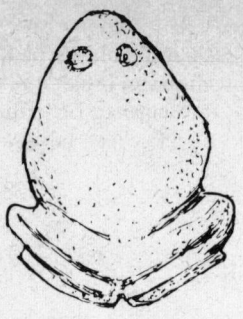
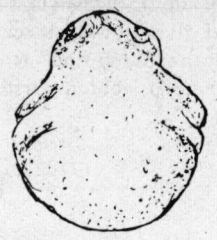

80   *Kröte (Bufo) links, aus hartem grauem Steatit; rechts, aus Elfenbein. Vorgeschichtli-*
che Periode. Nach Flinders Petrie, Amulets, 1914.
      Seit jeher hat die Form des Frosches (ähnlich wie Schildkröte, Fisch und Käfer) rund-
plastische Wiedergabe herausgefordert. Wahrscheinlich symbolisierte der Frosch schon in
vorgeschichtlicher Zeit Fruchtbarkeit. Noch koptische Tonlampen der Spätzeit tragen oft
einen Frosch oder eine Kröte als Dekor.

82   *Spielender Affe. Blaue*
Fayence. Höhe 5,3 cm. Zweite
Hälfte 18. Dynastie. Brooklyn
Museum, New York.
      Eine der kleinen Tier-
plastiken, die hauptsächlich
geschaffen wurden, um zu
unterhalten.

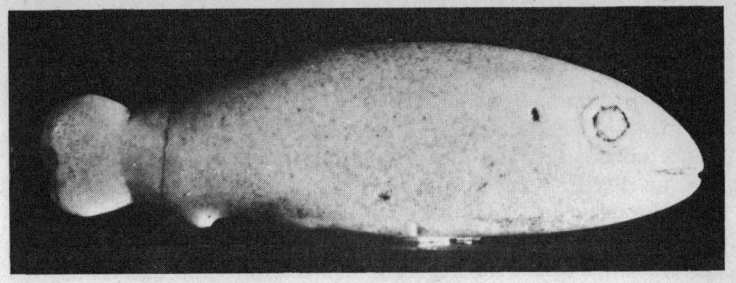

81   *Fisch. Harter weißer Stein. Länge 8 cm. Frühzeit.*

84   *Thoeris. Bronze.*
Höhe 24,5 cm. Sichel und
Mondscheibe auf runder Krone.
Walters Art Gallery, Baltimore,
USA.

83   *Katze. Bronze. Hohl. Höhe 14,5 cm. Walters*
Art Gallery, Baltimore, USA.
   Die Katze war das heilige Tier der Bastet, welche
als Göttin der Freude in Bubastis in Unterägypten
verehrt wurde. Das abgebildete Exemplar enthielt
die Knochen eines Katzenembryos.

die funktionell vollkommene Gestalt eines Tieres in der Haltung und mit der Würde eines Gottes vor. Tiergötter oder Gott-Tiere mit Sonne- und Uräusattributen sind beispielsweise: Thot, Thoeris und Hathor; menschengestaltige mit Tierköpfen: Re, Horus, Seth, Anubis, Sachmet, Bastet, Thot.

Die sakrale Tierkunst der Ägypter entspringt einer Geisteshaltung, die von der der Steppen-Nomaden sehr weit entfernt ist. Ein skythischer Beschlag im Tierstil zeigt uns, wie man wilde Tiere zähmt, indem man sie im Käfig der Kunstform einfängt. Der Ägypter beraubt sie ihrer Wildheit, denn als heilige Wesen muß ihr Bild das Prinzip der Dauer und nicht den ewigen Streit der Dinge miteinander verkörpern.

Die kleinen Tierplastiken, ob naturnah oder sakral, sind gleichermaßen anziehend für den Sammler (Abb. 83, 84). Selbst die kleinsten Amulettformen sind sorgfältig ausgeführt; nur die Dimension unterscheidet sie von den großen Bildwerken.

Das Kunsthandwerk

Die Kunst der ägyptischen Hochkultur beschränkte sich selbstverständlich nicht auf die Darstellung der Formen der lebenden Welt um ihrer selbst willen. Man fertigte viele schöne Dinge, die erforderlich waren zum täglichen Leben: Gebrauchsgegenstände, kosmetisches Zubehör, Schmuck und anderes. Man versah diese mit Motiven aus den verschiedenen Bereichen der ägyptischen Welt.

Die Grundlagen für das in Ägypten zu hoher Blüte gelangte Kunsthandwerk wurden früh gelegt. Die wesentlichen Fertigkeiten in der Bearbeitung von Holz, Elfenbein, Stein und Metall, die Töpferei, die Erfindung des Glases und der Fayence erwarb man in Ägypten fast gleichzeitig oder in rascher Folge.

Die Handschrift des Ägypters, sein unverkennbarer Stil, ist in allen Zweigen des Kunsthandwerks sichtbar. Nicht nur anderen Kulturen der Antike diente das in Ägypten Erreichte als Vorbild. Auch das neuzeitliche Europa, in seiner beständigen Suche nach gültigem Ausdruck, hat seine »ägyptisierenden« Stilepochen.

Stein

Der Sinn des Ägypters für gediegene, plastische Form macht die Steingefäße der Frühzeit sammelnswert. Bei all ihrer Schlichtheit wirken sie
niemals leblos. Stets fühlt man die Hand des Künstlers, die ihnen die
individuelle Form gab. In der Ersten Dynastie begegnen wir erstmals
einem klar differenzierten ägyptischen Stil. In allen wesentlichen
Punkten setzt sich dieser fort im Mittleren Reich. Aber erst das Neue
Reich glänzt mit handwerklichen Produkten von großer Finesse und
Opulenz. Auch die späteren archaisierenden Epochen bringen noch
viel Schönes zustande, und schließlich, nach der Eroberung durch die
Armee Alexanders des Großen, werden ägyptische Formen in der
Symbiose mit Elementen griechischer und römischer Herkunft inter-
essant.

85 *Palette. Schiefer. Vogelköpfe
an den Enden. Vordynastisch.
Nach Flinders Petrie, Amulets,
1914.*

Ägypten war reich an verschiedenen Gesteinsarten, die früh Verwendung fanden. Für die vordynastische Zeit (Negade I und II, 3800 bis
3000 v. Chr.) sind zu erwähnen: fein gearbeitete Feuersteingeräte,
Schieferpaletten (Abb. 85), verzierte Elfenbeinkämme, bemalte Keramik, kleine Tierfiguren aus Stein und Ton, zoomorphe Gefäße aus
Stein und Ton. Die Objekte dieser Zeit, speziell auch Funde von Rollsiegeln aus Djemdet Nasr, weisen auf Handelsbeziehungen mit Westasien hin. Mit der Ersten Dynastie (3000 v. Chr.) tritt Ägypten in die
Geschichte ein. Um diese Zeit verstand man bereits, sehr hartes Gestein auszuhöhlen, z. B. Basalt. Später verwendete man vielfach Alabaster, neben Marmor und Obsidian. Die vor- und frühgeschichtlichen

Gefäßformen waren bauchig, tonnenförmig, mit oben abgesetztem Rand und Schnurösen (Abb. 86), manchmal mit eigener Standfläche; dazu kamen kleine Behälter für Salbe, Schminke und Parfüm. Zu Beginn des Alten Reiches häufen sich zylindrisch geformte Steingefäße aus Alabaster; auch kompliziertere Gefäßformen, die beträchtlich schwieriger herzustellen waren, kommen vor.

86   *Seit der 2. Negadezeit (um 3300 v. Chr.) fertigten die Ägypter bauchige Gefäße mit Schnurösen aus harten, farbreichen Gesteinsarten (z. B. Granit, Diorit, Porphyr). Das abgebildete Gefäß (Durchmesser 24 cm) aus schwarzem und weißem Porphyr aus der Sammlung von Joseph Brummer erzielte bei der Auktion in New York (Parke-Bernet, April 1949) 275 Dollar. Im April 1975 brachte ein ähnliches, etwas größeres (Durchmesser 28,6 cm) aus Diorit bei Sotheby 5000 Pfund (ca. 25000 DM). Ein sehr breites Gefäß aus rotem Marmor mit rosa Schichten (Durchmesser 43 cm) erzielte in Basel (Münzen und Medaillen AG) im April 1972 10500 Sfr.*

Die spätere Vorliebe des ägyptischen Kunsthandwerks für bunten Dekor (z. B. in verschiedenen Farben alternierende Fayenceketten, Schmuck mit eingelegten bunten Glaspasten und Edelsteinen) bestand schon in vor- und frühdynastischer Zeit.

Im *Mittleren Reich* stellte man zahlreiche Gefäße in kleinem Format her, die kosmetischen Zwecken dienten. Die sogenannten *Kohltöpfchen* enthielten schwarze Augenfarbe. Die Mehrzahl war aus Alabaster, manche aus Schiefer oder härteren Gesteinsarten, darunter Chalzedon und Lapislazuli, häufig außen verziert mit Tierfiguren oder zoomorphen Ornamenten; manche waren ganz in der Form eines Tieres geschnitten.

Im *Neuen Reich* wurde das Repertoire noch umfangreicher. Weitere Formen, zum Teil gehenkelt, erschienen. Typisch waren Krüge zur Aufnahme der Eingeweide der Verstorbenen (Kanopen). Diese Krüge besaßen Deckel, die ursprünglich einen Tierdekor aufwiesen, später die Köpfe der vier Horussöhne *Amset* (Mensch), *Hapi* (Pavian), *Kebehsenuf* (Falke) und *Duamutef* (Schakal), doch sind auch Deckel mit Menschenköpfen, die die Züge der Verstorbenen tragen, bekannt. Amset trug Vorsorge für die Leber, Hapi für die Lunge, Kebehsenuf für die Organe des Unterleibs, Duamutef für den Magen. Als die gesonderte Einbalsamierung der Eingeweide und damit ihre Aufbewahrung in den Kanopen nicht mehr üblich waren, gab man dem Toten die Abbilder der vier Horussöhne (Abb. 87 A—D), gewöhnlich aus Fayence, mit. Ein spezieller Kunstzweig befaßte sich mit der Herstellung von steinernen Salbschalen, die meist sehr fein gearbeitet waren, in Mensch- oder Tierform.

Eine Erfindung der *Spätzeit* waren zylindrische, unten abgerundete Fläschchen für die Aufnahme von Parfüm. Sie wurden zuerst aus Alabaster (daher der Name *Alabastron*), später aus Glas hergestellt, die in die Mittelmeerländer exportiert und von griechischen Töpfern in Ton kopiert wurden. Man machte in dieser Zeit auch recht kunstvoll aus Speckstein geschnittene Kohltöpfchen mit charakteristisch durchbrochenem Dekor.

Die ägyptischen Kunsthandwerker überboten sich gegenseitig in der Herstellung überreich verzierter Steingefäße. Dennoch überschreitet der barocke Prunk dieser Objekte selten den guten Geschmack und die Grenze des vom Material her Zulässigen.

Töpferkunst

Den frühesten neolithischen Tongefäßen Ägyptens standen Naturformen, geflochtene, aus Holz geschnittene oder steinerne Gefäße Modell. Die Keramik wurde mit einfachem Ritzdekor oder Bemalung versehen. Mit ihrer Anpassung an bestimmte Zwecke wurde ihre Form unabhängiger vom Vorbild. Schließlich entstanden Gefäße, die zwar ihre Funktion noch erfüllten, aber die Idee des Behältnisses ganz in den Hintergrund treten ließen. Den Benutzern oder Käufern solcher »plastischen Gefäße« und wohl auch den Künstlern, die diese Formen herstellten, kam es offensichtlich darauf an, mit »Konversationsstücken« zu prunken; sie sind dennoch recht interessant.

A   B

87   *Vier hochreliefierte grüne Fayencetäfelchen mit Darstellungen von:*

A   *Amset (Menschenkopf), Höhe 4,6 cm*   C   *Kebehsenuf (Falkenkopf),Höhe 4,7 cm*
B   *Hapi (Paviankopf), Höhe 4,8 cm*   D   *Duamutef (Schakalkopf), Höhe 4,5 cm*

104

C   D

Dies waren die vier ›Söhne des Horus‹, Genien, die im ägyptischen Ritual als Vergeistigungen der verschiedenen inneren Organe des Verstorbenen eine wichtige Mittlerrolle bei der Wiedergeburt spielten. Jedes Täfelchen besitzt sechs Löcher zur Befestigung.

Die größten Leistungen ägyptischer Töpferei — erwähnt werden mögen hier die fein gemalten Dekors der 18. Dynastie — gehören der zweiten Hälfte des Neuen Reiches an. Die letzten Jahrhunderte brachten nichts sonderlich Nennenswertes mehr.

Die Fayence

Die erste als »Fayence« zu bezeichnende glasierte Fritte findet sich Ende des 4. Jahrtausends v. Chr. in der Djemdet Nasr-Kultur Mesopotamiens und in der Negade II-Kultur Ägyptens. Eigentlich sollte die berühmte und in so vielfacher Form und Anwendung und Verwendung auftretende »ägyptische Fayence« zusammen mit den Glasgefäßen und der Glastechnik behandelt werden, die ja auch wesentlich eine Erfindung des bronzezeitlichen Ägyptens waren. Denn die ägyptische Fayence besaß einen Kern, der in der Hauptsache aus Quarzsand bestand und durch einen Zusatz von Ton formbar gemacht wurde. Die diesen Kern überziehende Glasurmasse ist der Zusammensetzung nach reines Glas. Durch Zusatz verschiedener Metallverbindungen erzielte man farbige Glasuren. Diese Glasuren, die sich oft schwer auf dem Töpferton anbringen ließen, brachte man aber auch schon frühzeitig auf anderen leicht schnitzbaren Materialien, vor allem Steatit und Kalkschiefer, an. Für Kosmetika bestimmte kleine Behälter, viele Amulette, zahllose Skarabäen, die ja in keiner Sammlung ägyptischer Kleinkunst fehlen, wurden aus Steatit geschnitzt und glasiert wie Fayence. Der Sammler kann vielfach an der Farbe der Glasur die Zeit der Herstellung mit einiger Wahrscheinlichkeit bestimmen. Von der Frühzeit bis zum Mittleren Reich überwiegen grüne Glasuren. Im Mittleren Reich treten leuchtend blaue Glasuren auf; sie erreichen unnachahmliche Intensität zu Beginn des Neuen Reiches; in der Spätzeit wandte sich der Geschmack vor allem wieder den grünen neben weißen, gelben, braunen und violetten Farbvarietäten zu.

Schon in der ersten Dynastie verkleidete man die Wände von Grabstätten mit grünlich-blau glasierten Fayencekacheln. In späterer Zeit hatte man Kacheln mit buntem Dekor oder versah sie mit andersfarbigen Einlagen. Aus der Frühzeit sind schöne Fayence-Gefäße bekannt. Unter den vielen Fayencegegenständen, vornehmlich der 18. Dynastie, sind besonders die tiefblauen Glasuren, auch solche mit schwarzem oder dunkelfarbigem gemalten Dekor begehrt. Viele Sammler begnügen sich mit einigen Scherben dieser schönen Ware. Da gibt es Trink-

88 *Fayence-Hippopotamus mit Lotus-Blüten, -Knospen und -Blättern. 12. Dynastie ca. 1950 v. Chr. The Metropolitan Museum of Art, New York.*

schalen, kelchförmige Becher, Parfümfläschchen und die berühmten Hippopotamus-Figuren (Abb. 88), sämtlich mit dem sogenannten Teichdekor, bestehend aus Lotusblüten, Fischen, Vögeln und anderen Bewohnern der sumpfigen Marsche. Sie geben uns einen Einblick in die ägyptische Biosphäre. Die freie und leichte Linienführung auf vielen Schalen erinnert an gewisse chinesische Keramiken. Auch in der zweieinhalb Jahrtausende älteren Samarra-Keramik gibt es Schalen mit einem zentralen Teichmotiv, um das sich Steinböcke gruppieren. Unabhängig von Zeit und Ort verwendet der Keramiker diejenigen lebensspendenden Motive, die ihm am nächsten liegen.

Uschebtis

Der Primitive unterscheidet kaum zwischen der körperlichen Erscheinungsform und einem den Körper belebenden Prinzip. *Sinanthropus,* der in der letzten Zwischeneiszeit Nord-China bewohnte, war äußerlich noch kaum ein Mensch, wohl aber dem Verhalten nach. Er kannte das Feuer und machte Werkzeuge — und er übte Kannibalismus. Seine Toten scheint er nicht bestattet zu haben; möglicherweise hat er sie verzehrt, um die Fähigkeiten des Verstorbenen der Familie zu erhalten. Die Praxis, sich der Lebenskraft der Opfer zu versichern, war verbreitet. Wir wissen, daß noch die neolithischen Bewohner der Insel Capri Kannibalen waren. Bei dem Fest, das die Azteken zelebrierten, nachdem sie Menschen als Opfer ihren Göttern dargebracht hatten, aß man das Fleisch der Opfer, in dem Glauben, auf solche Weise eine enge Verbindung mit dem Gott eingehen zu können.

Die Ägypter neigten nicht dazu, ihren Göttern Menschen als Opfer darzubringen. Sie fanden Ersatz in einem ausführlichen Ritual, das den Mittelpunkt aller Glaubenszeremonien bildete. Schon in der vordynastischen Zeit war jede Familie daran interessiert, den Fortbestand der Toten dadurch sicherzustellen, daß man ihnen die zum Leben im Jenseits notwendigen Gegenstände mitgab. Die Zahl und Qualität der Objekte entsprach dem Vermögensstand der Hinterbliebenen. Im Alten Reich wurde dem gewöhnlichen Mann von dieser Chance viel genommen; nur der Pharao und die ihm nahestehende Nobilität hatten göttlichen Status und damit ein Recht auf Unsterblichkeit. Erst mit der Errichtung des Osiris-Kultes nach dem Zusammenbruch des Alten Reichs bot sich für einen jeden Hoffnung auf ewigen Fortbestand.

Da dem Ägypter der Dienst am Toten fast wichtiger erschien als der, den man den Göttern darbrachte, so konzentrierten sich die Opfer vornehmlich auf den ersteren. In den Pyramidentexten finden sich Stellen, die vermuten lassen, daß man anfangs den Toten Diener und Handwerker zum Opfer brachte. Im Mittleren Reich ersetzte man sie durch die bereits erwähnten Holzmodelle von Opferträgern oder Personen, die irgendeine Arbeit verrichteten. Man hatte endgültig eingesehen, daß es nicht unbedingt notwendig ist, sich um der Erhaltung des eigenen Lebens willen anderer Menschen mit Haut und Haar zu versichern.

Beginnend mit der 12. Dynastie wurde es Sitte, den Toten mumienförmige, meist beschriftete, Figuren mitzugeben, die die Aufgabe hatten, eben die Arbeiten zu übernehmen, die dem Toten im Jenseits aufgetragen wurden. Diese Figuren heißen Uschebtis (Antwortende), ursprünglich Shawabtis, und es gab sie aus Holz, Terrakotta, Stein und vor allem aus Fayence. Neben den Skarabäen sind die Uschebtis die bestbekannten aller ägyptischen Antiken. Sie werden gern gesammelt.

Die Uschebtis hatten auch noch eine zweite Aufgabe zu erfüllen. Im Falle des Abhandenkommens der Mumie würden sie diese ersetzen und für sie zu »antworten« haben. Denn in der Grabkammer befand

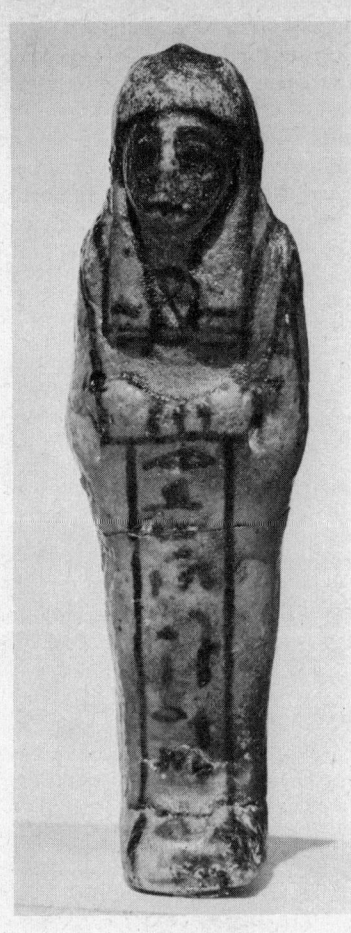

89   *Links: Uschebti. Höhe 12,5 cm. Fayence, kobaltblaue Glasur und schwarze Zeich-nung. Inschrift: ›Osiris, die Hausherrin RÊNEP-NÊFRET‹. Hausherrin besagt lediglich, daß die Verstorbene verheiratet war. Ihr Name: ›Das Jahr sei schön.‹ 20. Dynastie.*

90   *Rechts: Rückseite desselben Uschebtis. Mit dem Getreidesack für die Arbeiten im Jenseits.*

sich außer dem Toten noch die traditionelle Grabstatue, die der Träger des *KA* war, einer Art kosmischer Lebenskraft oder Über-Seele. Durch diese Statue und ihr *KA* war das Weiterleben nach dem Tod in erster Linie garantiert.

Die Geschichte der Uschebtis ist bedeutsam für die ägyptische Kunst (Abb. 89, 90). Die Abbildung zeigt ein in diesem Fall für eine Frau bestimmtes Stellvertreterfigürchen aus dem Neuen Reich. Die Inschrift besagt, daß dieser Uschebti zur Grabausstattung einer verheirateten

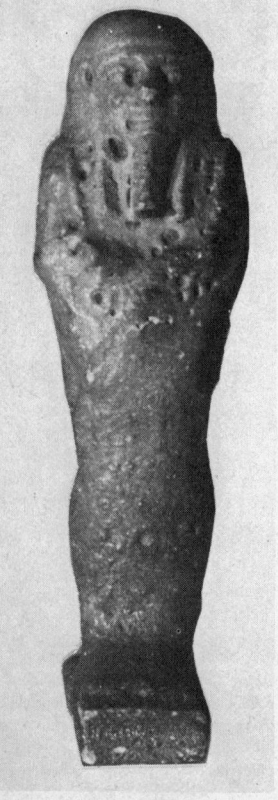

91 *Uschebti der Spätzeit. Bräunlich-grüne Fayence. Höhe 11 cm.*

Frau gehörte. Die Umrisse der Perücke, die Hände, welche Feldhacken tragen, sowie Einzelheiten des Gesichts und der Getreidesack auf der Rückseite wurden in Schwarz auf die leuchtendblaue Glasur gezeichnet.

Die Uschebtis der späteren Zeit (Abb. 91) sind an ihren Bärten und den blaßgrünen oder bräunlichen Glasuren erkenntlich. Manche sind sehr reizvoll, andere grobe Massenware. Wie die Skarabäen sind auch die Uschebtis in Mengen für den Antiquitätenhandel gefälscht worden.

Das Glas

Das Glas muß den Alten von Anfang an als bemerkenswerte Substanz mit magischen Eigenschaften gegolten haben. Schon seit dem 6. Jahrtausend v. Chr. war im Nahen Osten der halb-transparente Obsidian, ein natürliches, vulkanisches Glas, als Material für scharf-schneidende Geräte, Schmuck und gelegentlich Amulett Siegel beliebt. Es erschien den Halbedelsteinen verwandt. Wie hätte das erste blaue und grüne Glas nicht großen Anklang finden sollen!

In Ägypten sind Glasperlen und -amulette schon aus Gräbern der 6. Dynastie um 2400 v. Chr. bekannt. Um die Mitte des 2. Jahrtausends v. Chr. erscheint das Glas auch in Form von Gefäßen, die man zunächst um Sandkerne formte. Dies geschah ja sowohl in Ägypten wie im Zweistromland. Aus Glas bestehende Glasuren waren schon lange bekannt, bevor im 3. Jahrtausend v. Chr. sich in Ägypten die Glasfabrikation als ein selbständiger Zweig von der Verbindung mit der Keramik losmachte.

In der Staatlichen Sammlung Ägyptischer Kunst in München steht ein berühmtes kelchförmiges Glasgefäß mit dem Namen Thutmosis' III (18. Dynastie). Es ist ein hellblaues Glas mit einem Dekor aus auf- und eingeschmolzenen dunkelblauen und gelben Glasfäden und -tropfen. Solche frühen Glaspasten waren undurchsichtig, was ihnen einen eigentümlichen Reiz gibt. Von der gleichen Art ist die türkisblaue Kopfstütze des Tut-Ench-Amun in Kairo und ein reizendes Königsköpfchen aus dem Ende der 18. Dynastie, im Louvre.

In Ägypten scheint die Herstellung von Glasgefäßen zwischen 1100 und 750 v. Chr. eine Unterbrechung erfahren zu haben. Im 7. Jahrhundert erlebte sie eine Renaissance. Der Dekor wurde nun vielfältiger und komplizierter. Da viele der Funde außerhalb Ägyptens gemacht wurden, ist der Ursprung eines Stückes oft nicht mit Sicherheit festzustellen.

In der Spätzeit wurde das beliebte Alabastron in Glas nachgeahmt, und noch später, während der ptolemäischen Periode, brachten die verschiedenen Formen griechischer Gefäße neue Anregungen. Alexandria wurde zum Mittelpunkt der Industrie. Im ersten Jahrhundert v. Chr. und dem folgenden nachchristlichen Jahrhundert stellte man unter anderem die bekannte Millefioriware her und nahm damit eine zweitausend Jahre alte Technik wieder auf, die schon in der 12. Dynastie bekannt gewesen war: das Mosaik. Viele kleine Platten haben sich erhalten, welche figürliche Motive aus der Pflanzen- und Tierwelt oder Darstellungen von Menschen verwenden und sehr anziehend sind.

Geräte

Nur einige wenige *Gefäßformen* und Geräte mögen hier erwähnt werden. Während des Neuen Reiches fertigte man interessante Gefäßuntersätze aus gegossener Bronze. Sie zeigen, ähnlich wie die oben erwähnten kosmetischen Kohltöpfchen aus Speckstein, in kunstvoller Durchbrucharbeit Szenen, welche die Landschaft und das Leben der Menschen darin zum Thema haben.

Interessant und zierlich sind die Bronzesitulae. Die Situla war ein Milchspendegefäß, das oben einen beweglichen Henkel hatte. Die gegossenen oder getriebenen Gefäße wurden mit kultischen Szenen in Relief versehen.

Dolche, Prunkäxte und Klingen von Zierbeilen tragen gleichfalls kunstvolle Darstellungen, entweder in durchbrochenem Stil, teils in Relief und anderen Mischtechniken; man denke an die zahlreichen Kostbarkeiten im Grabschatz des Tut-Ench-Amun. Verhältnismäßig oft hat der Sammler Gelegenheit, Gegenstände mit einer Darstellung der Himmelsgöttin *Hathor* zu erwerben. Sie hatte viele Aspekte, vor allem den der ägyptischen Muttergöttin, und galt auch als Göttin der Freude und der Liebe. Sie wurde häufig als Kuh dargestellt und verehrt. Ihr Bild wurde oft angebracht an den Griffen von Sistren und Handspiegeln, denn sie galt auch als Göttin der Musik und des Tanzes und war Patronin der weiblichen Toilettenkunst. Den Griff eines Sistrum (Abb. 92, 93) oder eines Handspiegels ziert daher häufig eine Hathor-Maske in Janusform. Der hier abgebildete Sistrum-Griff aus tiefgrün patinierter Bronze zeigt das breite mit Kuhohren versehene

92 *Griff eines Sistrums. Bronze. Höhe 13 cm. Kuhohrige Göttin Hathor mit Perücke und Zöpfen, Uräus-Schlangen; darüber unterer Teil eines Naos. Vgl. Text.*

Gesicht der Göttin. Es ist eingerahmt von einer Perücke und zwei voluminösen Zöpfen. Die Sistren waren Rasselinstrumente, die bei den Riten zu Ehren der Hathor vornehmlich von den Priesterinnen des Neuen Reiches und der Spätzeit rhythmisch geschwungen wurden. Auch später wurden sie im griechisch-römischen Isiskult benutzt, und man nannte die betreffenden Frauen »Sistrumschwingerinnen«. Bei manchen Hathor-Sistren befindet sich über dem Kopf der Göttin ein sog. Naos. Der ägyptische Naos hatte die Form einer Kapelle, in der

113

93   *Detail des Hathor-Sistrums. Abb. 92.*

das Götterbild aufbewahrt wurde. Am Morgen begann der Gottes-
dienst mit der Öffnung dieses Naos. Die quergestellten Rasselstäbe, die
beim Schütteln der Sistren tönten, wurden meist durch einen oben
befindlichen bogenförmigen Bügel gesteckt. Bei anderen wurden die
Stäbe mit den beweglichen kleinen Metallscheiben durch das Bronze-
tempelchen gezogen, welches als Resonanzkörper diente. Bei dem ab-
gebildeten Sistrum überzieht ein feines Schuppenmuster den unteren
Teil des Griffs. Zwei Uräus-Schlangen sind rechts und links der
Hathor-Maske angebracht. Vom Naos ist nur der untere Teil erhalten.
Es gibt größere Scheinmodelle des Hathor-Sistrums aus Fayence oder
Stein sowie auch winzige Fayence-Amulette desselben. Außer den
Griffen mit dem Bild der Hathor finden sich solche, die die Form der
Papyrusdolde haben, oder die eines nackten Mädchens oder der Fratze
des grotesken Gottes Bes (vgl. Abb. 106); auch Katzenfiguren kommen
daran vor.

Schmuck und Amulette

Schmuck und Amulett dienen verschiedenen Zwecken. Ein Schmuckstück soll den Reiz des Trägers erhöhen, ein Amulett seinen Besitzer
schützen. Oft freilich, wenn sich in ein und demselben Objekt beide
Funktionen vereinigen, läßt sich die Unterscheidung nicht machen.

Die Formen des ägyptischen Schmuckes sind sich, wie die der Amulette, seit vorgeschichtlicher Zeit im wesentlichen gleichgeblieben.
Ägypten fertigte auch hier, wie in allem Handwerklichen, Vollkommenes. Ihren höchsten Stand erreichte die Kunst des Schmuckes bereits
im Mittleren Reich (12. Dynastie, 2000—1785 v. Chr.).

Spitzenstücke, die alles Spätere überbieten, liegen in Kairo und New
York. Schmuck aus der Zeit Thutmosis III. und Tut-Ench-Amun ist
von großer Pracht und bezeugt den Reichtum und Luxus der 18. Dynastie des Neuen Reiches. Siegelzylinder, von Mesopotamien inspiriert,
gibt es im Alten Reich. Der Skarabäus erscheint gleichfalls früh und
bleibt vorherrschend. Viele wurden in goldener Ringfassung drehbar
angebracht. Ein streng architektonischer Zug beherrscht den gesamten
ägyptischen Schmuck, besonders offenbar in den durchbrochen gearbeiteten und mit farbigem Dekor versehenen Brustplatten. Man war
Meister in der Technik des Zellemails, noch bevor das echte bei hoher
Temperatur geschmolzene Email zur Verfügung stand.

Siegelringe wurden in edlen und unedlen Metallen hergestellt, außerdem in Stein, Fayence und Glas. Manche Ringe mit längeren Inschriften, besonders die aus Fayence, haben äußerst breite Platten. Auch Gottheiten wurden darauf dargestellt und Udjat-Augen (Augen des Horus); viele wurden nur als Grabbeigaben benutzt. Unter den von nubischen Goldschmieden gefertigten Schätzen der meroitischen Königin Amanischaheto (Römische Periode 25—10 v. Chr.) befindet sich ein Fingerring (Gold und bunter Glasfluß), der 5 cm hoch ist und dabei so breit, daß er mehrere Fingerglieder bedeckt. Er zeigt einen Widderkopf mit Sonnenscheibe und Halskragen vor einer Kapelle mit einem Schlangenfries. In der Spätzeit finden Stilmischungen ägyptischer und griechisch-römischer Formen statt.

Amulette

Eine ungewöhnliche Anzahl von Amuletten sollten das Leben des Ägypters auf jede erdenkliche Art gegen die Gefahren der Umwelt schützen. Auch die Toten versicherte man. Die Mumie wurde mit einer veritablen Rüstung von Amuletten umgeben. Einige Amulettformen, etwa die bekannte Klaue des Leoparden, gab es in Ägypten schon in vorgeschichtlicher Zeit. Flinders Petrie führt in seinem Werk (1914) 275 verschiedene Arten ägyptischer Amulette auf. Allein der *Skarabäus* existiert in vielen Varietäten.

Zahlreiche Naturobjekte dienten als Amulette. Man findet Schnekken, Muscheln vielerlei Art, Zähne und anderes; auch in Ton oder Stein wurden sie nachgeahmt. Daneben wurde eine Unzahl personifizierender Götterbilder oder abstrakter Symbole getragen. Man darf die psychologische und psychosomatische Wirkung dieser Talismane auf ihre Besitzer nicht unterschätzen. Im Totenkult und an den Halsketten der Lebenden — den Rosenkränzen des Altertums — hörte die Magie niemals auf.

Im ägyptischen Mythos nimmt der Skarabäus als Symbol der Sonne und des Neuen Lebens eine zentrale Stellung ein. Unter dem Namen Chepri galt er als eine Erscheinungsform des Sonnengottes Re. Chepri bedeutet sowohl »Der, der ins Leben tritt« wie »Skarabäus«. Für den Bildner ist die in sich geschlossene Form des Skarabäus, nicht unähnlich der der Schildkröte, vorbildlich. In der Nordwestecke des »Heiligen Sees« in Karnak steht auf einer granitenen Säule ein kolossaler Skarabäus, aus dem gleichen Block wie sie gehauen, der dem Amun Chepri-

Re geweiht ist. Amun-Re, der »König der Götter«, ist eine separate Erscheinungsform von Re-Atum, dem Schöpfergott. Man glaubte zu wissen, daß der Käfer sich aus dem eigenen Dung selbst erzeuge, weshalb er mit Re-Atum, dem Schöpfergott, gleichgesetzt wurde, und er spielte eine bedeutende Rolle im Osiris-Kult. Der ewige, wie in einem unendlichen Raum stattfindende ungestörte Schlaf eines Skarabäus aus Karneol hat Rilke zu seinem Gedicht »Der Käferstein« angeregt.

Es gibt schöne, einfach geschnittene frühe Formen dieses begehrten Amuletts aus Bergkristall, Karneol, Amethyst und Amazonit, die an der Unterseite keinerlei Inschrift oder Symbol tragen und lediglich mit einer Längsbohrung versehen sind. Sie haben reinen Amulett-Charakter. Als die ursprünglich verwendeten Stempel- und Rollsiegel zur Zeit des Mittleren Reiches außer Mode kamen, begann man, die Unterseite der Skarabäen mit siegelgerechten Inschriften oder Kreis- und Spiral-Ornamenten zu versehen. Manche Skarabäen tragen Namen von Pharaonen oder deren Beamten. Man liest die Namen von Priestern, oder von verheirateten Frauen, mit der Beifügung »Herrin des Hauses«, wie bei den Uschebtis. Die meisten dieser Skarabäen sind nur wenige Zentimeter groß. Einige ausnahmsweise große Skarabäen dienten zweierlei Zwecken. Die sog. Herzskarabäen gingen aus einer Form hervor, die man als »Herz des Osiris« den Toten mitgab (Abb. 94 A). Der eigentliche Herzskarabäus stellte das Herz der Isis dar. Bei der Mumie wurde er an die Stelle des Herzens gelegt (Abb. 94 B). Auf der Rückseite befand sich eine Inschrift aus dem 30. Kapitel des Totenbuches:

»Herz, das ich von meiner Mutter habe, trete nicht gegen mich als Zeuge auf. Bereite mir keinen Widerstand bei den Richtern, sei mir nicht feindlich in Gegenwart des Meisters der Waage. Du bist mein *KA* in meinem Leibe ... Äußere keine Lügen gegen mich vor dem Gotte, dem großen Gotte von Amenti (Osiris).«

Auch in der Form eines Gefäßes tritt das Herzamulett auf. Die zweite Art großformatiger Skarabäen nennt man »Gedenkskarabäen«. Sie sind bis an die 10 Zentimeter groß; auf ihrer Unterseite berichteten Könige der 18. Dynastie, vor allem Amenophis III, von denkwürdigen Familienereignissen und von ihren Erfolgen bei der Löwenjagd. Manche Skarabäen haben den Kopf eines Menschen oder Widders, und wieder andere tragen auf der Oberfläche der Flügel verschiedenartige Symbole.

Da Skarabäen aus privatem Besitz immer wieder in den Handel finden, sind sie nicht allzu selten, doch muß vor billigen Imitationen gewarnt werden. Als in den fünfziger Jahren in einem Warenhaus in New York Antiken aus dem Nachlaß des Zeitungsmagnaten W. R. Hearst

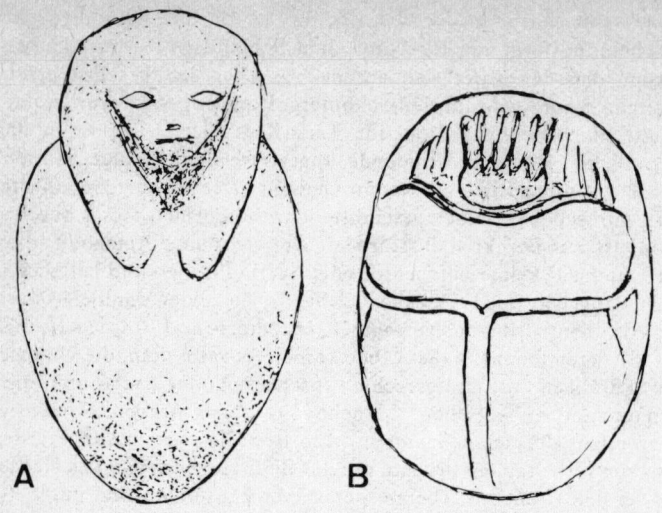

A   B

94   A: Herz des Osiris. *Alabaster. Höhe 8,1 cm. 19. Dynastie. Dem Toten mitgegeben. Hiervon leitete sich die Idee des Herzskarabäus ab.*

B: Herz-Skarabäus. *Kalkstein. Länge 6,7 cm. 18. Dynastie. Herz der Isis dem Toten mitgegeben. Auf der Rückseite Inschrift aus den 30 Kap. des Totenbuchs. Nach Flinders Petrie, Amulets.*

zum Verkauf standen, befanden sich darunter neben anderen ägyptischen Objekten größere Mengen von Skarabäen.

Auf einer Auktion der Fa. Sotheby in London (April 1975) kamen einzeln und in Gruppen 537 Skarabäen der verschiedensten Typen, auch Gedenkskarabäen, unter den Hammer. Die untere Preisgrenze war ca. DM 50,—, der Höchstpreis DM 17000,— für einen schön erhaltenen »Löwenjagd«-Skarabäus des Amenophis III., grün-glasierter Steatit, 7×4,2 cm. Ein goldener Siegelring aus der Spätzeit erzielte DM 4700,—, ein mittelgroßer der 22.—23. Dynastie DM 19000,—, ein sehr großer im Gewicht von 81 g der 26. Dynastie DM 43000,—.

Der *Djed-Pfeiler* ist ein häufig vorkommendes Amulett (Abb. 95), meist in blaßgrüner oder bläulicher Fayence, oft in kleinstem Maßstabe. Er ist als Fetisch des Osiris gleichzeitig ein Vegetations- und

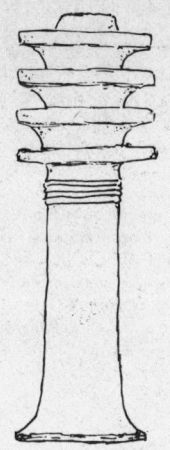
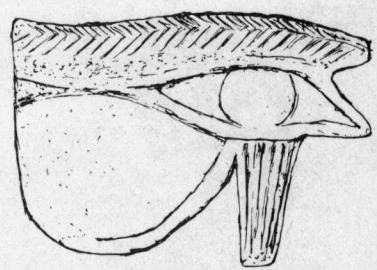

95 Links: Djed-Pfeiler. Grünlichblaue Fayence. Höhe 10 cm. Symbol des Osiris ›Ewige Dauer‹.

96 Rechts: Udjat-Auge des Horus. Stein. Länge 8 cm. Altes Reich bis Ptolemäisch. Nach Flinders Petrie, Amulets.
Neben den Skarabäen erfreuten sich die Udjat-Augen großer Beliebtheit, auch als Anhänger an Halsketten.

Fruchtbarkeitssymbol und sollte wahrscheinlich einen seiner Zweige beraubten stilisierten Baumstamm vorstellen. Bei den Tempelzeremonien des Osiris-Kultes wurde der Djed-Pfeiler vorgeführt und behandelt, als ob es sich um den Gott selber handele.

In zahlreichen Abwandlungen erscheint das *Udjat-Auge* des Horus (Abb. 96). Wie die meisten Amulette wurde es nicht allein der Mumie beigefügt, sondern auch an Halsketten getragen. Es findet sich vom Alten Reich bis zur Zeit der Ptolemäer, in Fayence, Stein und Halbedelstein.

Lapislazuli oder Lasurstein, im Altertum auch Sappheiros genannt, war ein sehr begehrtes Material seiner schönen blauen Farbe wegen, und man hat sehr feine Amulette daraus geschnitzt. Seit dem Neuen Reich trugen die hohen Richter ein Amulett der Göttin der Gerechtig-

119

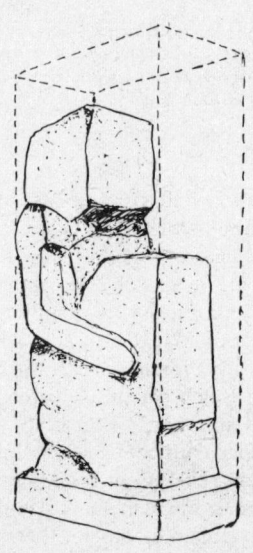

97 Links: Gottheit Maat.
Lapislazuli. Höhe 4 cm.
›Wahrheit und Gerechtigkeit‹.
Vgl. Text. (Ein ähnliches Stück
erzielte im April 1972 in Basel
7800 Sfr.)

98 Links unten: Dieselbe Figur,
von vorne gesehen.

99 Rechts unten: Diagramm,
das Verhältnis der Hauptflächen
einer unfertigen Statue zum
Werkblock zeigend. (Die Statue,
›Knieender mit Götterschrein‹,
Kalkstein, Höhe 27 cm,
ca. 4. Jh. v. Chr. befindet sich in
der Ägyptischen Sammlung des
Bayerischen Staates, München,
ÄS 4843.)

100 *Links: Thronende löwenköpfige Göttin Mut-Sachmet-Bastet. Fayence, blaugrün. Höhe 4,7 cm. 18.—30. Dynastie.*

In der rechten Hand ein Naos-Sistrum. Thronsitz in durchbrochener Arbeit, zeigt Schlangendämon Nehebka, bezwungen von der Göttin. Am Kopf eine Öse (Amulett).

Das Figürchen, wie viele, wiederholt die konventionelle Formgebung der alten ägyptischen Großskulpturen. Der Bildner erarbeitete die Form von den Seiten des viereckigen Steinblocks. (Siehe die Analyse Abb. 99.) Diese Methode, bei der die Hauptebenen der Figur den Ausgangsebenen des Steinblocks entsprechen, gibt den Eindruck sowohl von Monumentalität, wie großer statischer Ruhe.

101 *Rechts: Dieselbe Figur, von vorne gesehen.*

keit und Wahrheit *Maat* an ihrer Amtskette um den Hals. Schriftliche Dokumente bezeugen, daß dieses aus Lapislazuli gefertigt war, und es gibt auch bildliche Darstellungen. Auf dem Haupt trugen die kleinen Amulette eine goldene Feder. Diese fehlt meist bei den wenigen erhaltenen Exemplaren (Abb. 97, 98).

Die Konstruktion selbst der winzigsten Amulette entspricht der der großen statuarischen Werke. Sie sind »aus dem Block« gearbeitet nach

121

dem Schema des nebenstehenden Diagramms einer größeren unfertigen Statue im Werkblock (Abb. 99). Diese stellt einen Knieenden im
Götterschrein dar und macht das Verhältnis deutlich, das zwischen
den Hauptflächen der Figur und den (punktierten) Flächen des Origi-
nalblocks besteht. Genauso sitzt die löwenköpfige *Mut-Sachmet-Bastet*
auf ihrem Thron, in der rechten Hand ein Naos-Sistrum (Abb. 100,
101). Das kleine Amulett besteht aus grünlich-blauer Fayence.

Groteske Gottheiten, pantheistische Figuren und magische Stelen

Der Größe, nicht dem Charakter und Sinn nach, lassen sich die kleinen
Amulette von den Statuetten magischer Art, die es ja auch im
Kleinstformat gibt, unterscheiden. Schon lange hatte es groteske Gott-
heiten gegeben, wie *Bes, Thoeris* und *Patäke*. Man schätzte sie hoch
als Gottheiten des heimischen Herdes. Mit dem Verfall der alten Reli-
gion mehren sich diese seltsamen Dämonen sowie die sog. magischen
Stelen, von denen man in abergläubischer Weise Schutz vor vielerlei
Übel erhoffte.

Bes

Unter den Amuletten und Kleinplastiken findet man oft die kurzbeini-
ge, zwergenhafte Gestalt des Gottes Bes. Ein löwenartiges Gesicht,
Löwenohren, ein zottiger Bart und gelegentlich ein federartiger Kopf-
putz zeichnen ihn aus. Ursprünglich Schutzgott des Pharaonenhauses,
wurde Bes bald Schutzpatron des einfachen Volkes. Er wachte über die
Ehe, gesunden Schlaf, das neugeborene Kind sowie über die Toilette
und den Schmuck der Frauen. Sein häßlicher und gleichzeitig lächer-
licher Anblick, sein lärmendes Gelächter hielten üble Geister fern und
schützten vor bösartigen Tieren. Man findet sein Bild an Hochzeits-
betten, Spiegelgriffen, Parfümbehältern. Es gibt größere Arbeiten, vor
allem aber zahllose unterschiedlich geformte und gearbeitete Amulette
in allen Materialien, speziell aber Fayence. Manche Stücke sind
äußerst klein und überraschend fein detailliert; andere wirken fast
modern durch ihre Stilisierung. Das hier abgebildete Exemplar stammt
aus der römischen Periode (Abb. 102). Ein zweifarbiges Amulett,

102 *Bes. Fayence.*
Gelber Dekor auf Blau.
Höhe 5,5 cm. Römische
Periode.

seitlich durchbohrt, ist beiderseits identisch; die Farbe der Fayence ist tief-grünblau. Gesicht, Bart und Federschmuck zeigen einen Dekor, der aus gelben Linien und Punkten besteht. Ein älteres Amulett des Gottes in grüner Fayence, schön proportioniert, zeigt die Abbildung 103. Auf der Rückseite über dem Kopf befindet sich eine Aufhängeöse.

123

103　*Bes. Grünliche Fayence. Höhe 4,5 cm. Auf der Rückseite Aufhängeöse.*

Bei dem kleinen grünlich-blauen Fayence-Amulett (Abb. 104) sind die Formen so vereinfacht, daß es skizzenhaft und kubistisch wirkt. Die verschiedenen Teile sind jedoch erkennbar, und die wesentlichen Proportionen bleiben gewahrt.

104 *Bes. Blau-grünliche Fayence.*
Höhe 4,2 cm. Stilisierter Typ.

Thoeris

Die allgemein als aufrecht stehendes trächtiges Nilpferd dargestellte
Göttin geht auf prädynastische Zeiten zurück. Ihr Name »die Große«
leitet sich ab von dem der Göttin Ipet. Sie hat hängende weibliche
Brüste, einen Krokodilschwanz und die Hinterbeine einer Löwin (vgl.
Abb. 84). Auch sie wurde im Laufe der Zeit eine Haus- und Schutzgöt-
tin, speziell der Wöchnerin, und sollte durch ihr schreckenerregendes
Aussehen böse Geister vertreiben. Amulette des Bes und der Thoeris,
die man den Toten mitgab, sollten bei der Auferstehung behilflich sein.

125

105 *Patäke. Hellgrüne Fayence. Höhe 3,2 cm. 26. Dynastie.*

Patäke

Zu der gleichen Gruppe populärer Familien-Gottheiten gehört der Zwerg Patäke. Er war der Schutzpatron kleiner Kinder. Er ist nackt und mißgestaltet; auf seinem großen haarlosen Kopf befindet sich gelegentlich ein Skarabäus; mit dem Mund würgt er eine Schlange, oder er steht auf zwei Krokodilen. Auch hier handelt es sich um ein Apotropaion, das gegen schädliche Tiere wirksam sein sollte, hierin dem weiter unten beschriebenen »Horus auf den Krokodilen« ähnelnd. Solche Figuren wurden in den Häusern zum Schutz aufgestellt. Der hier wiedergegebene hellgrüne Fayence-Kopf eines Patäke (26. Dynastie; Abb. 105) ist fein modelliert. Hinten am Hals befindet sich die Aufhängeöse.

106 *Stele des Horus auf den Krokodilen. Feinkörniger grünlich-schwarzer Porphyr (?).*
Höhe 11,5 cm. Ptolemäische Periode.

Magische Stelen

In der Spätzeit verfertigten die Ägypter Talismane und magische Stelen, die die Aufgabe hatten, gleichzeitig gegen mehrere Arten gefährlicher Tiere zu schützen. In den sog. pantheistischen Figuren kombinierte man eine Gottheit, meistens den Bes, mit anderen Dämonen oder Darstellungen schutzverleihender Tiere, um auf diese Weise den apotropäischen Gehalt der Figur zu verstärken.

Die Figuren wurden in Haus und Tempel aufgestellt oder als Amulett getragen. Man beschrieb einige mit magischen Formeln. Schon das Hersagen der Zaubersprüche sollte eine günstige Wirkung ausüben.

Am besten informiert sind wir über die sog. Horus-Stelen. Die schönste und aufschlußreichste ist 84 cm hoch, aus harter grünlicher Grauwacke und befindet sich unter dem Namen Metternich-Stele im Metropolitan Museum in New York. Sie stammt aus der Zeit des letzten der Pharaonen, Nectanebo II. (359—341 v. Chr.) und ist auf allen Seiten mit Darstellungen und Zaubersprüchen bedeckt. Es ist nicht möglich, alle Gottheiten und Symbole, die sich auf der Stele befinden, mit Sicherheit zu deuten. Die meisten Stelen dieses Typs — sie kommen gelegentlich im Handel vor — sind bedeutend kleiner, zwischen 3 und 17 cm hoch, und bestehen aus Steatit, zuweilen aus Kalkstein. Die ganz kleinen wurden als Amulette getragen. Die größeren standen offenbar in Bassins, denn man goß Wasser über die magischen Bilder und Worte, um sie wirksam zu machen. Man trank dann das Wasser, vor allem als Vorbeugung gegen die Wirkung des Schlangenbisses und des Stachels des Skorpions.

Die abgebildete 11,5 cm hohe Stele ist sehr fein. In dem grünlichschwarzen harten Stein treten die Einzelheiten scharf hervor (Abb. 106). Das strenge Arrangement des Bartes der Bes-Maske und die elegante Körperform des jungen Horus-Gottes rechtfertigen eine Zuschreibung in die ptolemäische Epoche.

Statuetten aus Metall

Bronze war das gebräuchlichste Metall des Altertums und wurde im Voll- oder Hohlguß (Wachsausschmelzverfahren) verarbeitet. Die Ägypter kannten diese Methode seit dem späten Alten Reich. Die Objekte wurden nach ihrer Fertigstellung vielfach graviert, vergoldet oder mit Einlagen aus Edelmetall, farbigen Steinen oder Glas verziert. Es existieren zahllose Statuetten von Gottheiten und heiligen Tieren,

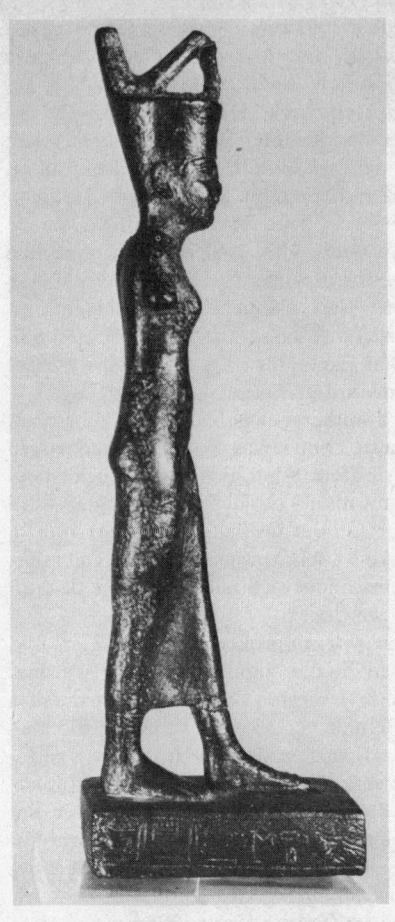

107 *Links: Statuette der Neith. Bronze. Höhe 19 cm. Beschriftet an drei Seiten: »Worte zu sagen. Neith gibt Leben — Geweiht von Ba ... Be, Sohn des Amenardis — hat gemacht.« Saïtisch.*

108 *Rechts: Die Abb. 107, von vorne gesehen.*

die größtenteils der späten Periode angehören. Die Tiere beeindrucken uns vielfach durch ihre Natürlichkeit; die Figuren der Gottheiten, von denen man sich Schutz und Hilfe versprach, umfassen fast das gesamte Pantheon der ägyptischen Mythologie. Die Formen folgen, wie die Groß-Skulptur, dem traditionellen Kanon: Sie erscheinen aus dem Block konstruiert und befolgen das bekannte Gesetz der Frontalität. Erst der griechisch-hellenistische und römische Einfluß löste die ägyptischen Formen und verlieh ihnen eine neue Beweglichkeit.

Die Statuette der Göttin Neith (Abb. 107, 108) ist auch ohne den Besitz der Arme eine recht attraktive Bronze. Neith ist eine sehr alte Stadtgöttin des im Delta gelegenen Sais; sie hatte viele Erscheinungsformen und Obliegenheiten. Sie erfreute sich während der späten Saïtenzeit besonderer Beliebtheit. Dies Exemplar trägt die Inschrift: »Geweiht von Ba ... Be, Sohn von Amenardis.« Ferner: »Worte zu sagen — Neith gibt Leben.« Die Figur wirkt äußerst elegant. Selbst die bescheidenste, flüchtig gearbeitete Statuette kann etwas von dem fremdartigen Reiz ägyptischer Formgebung vermitteln. Aber nicht jedes Stück ist ein Kunstwerk von Rang. Davon kann man sich leicht überzeugen. Man vergleiche nur eine Anzahl Statuetten des Osiris, der Isis, des Harpokrates. Die Ausführung der Stücke ist sehr unterschiedlich. Talentiertes und sehr sorgfältig Gearbeitetes findet sich neben weniger Gutem; vieles ist serienmäßig hergestellt worden.

In Ägypten herrschte in späterer Zeit ein großer Bedarf an Tier- und Götterbildern, die als Votivgaben in die Tempel gebracht wurden. Katzenfiguren gehörten zu den beliebtesten. Sie wurden zweifellos auch als Schutzsymbole in den Heimen verwendet. Oft haben die kleinen Bronzen Ösen am Rücken und wurden daher als Amulette getragen. In Karnak hat man in einem einzigen Depot 10000 Bronzestatuetten gefunden, wovon 8000 Osiris darstellten. Um den ungeheuren Bedarf der Gläubigen zu befriedigen, mußte man von dem ursprünglichen Wachsmodell der Figur, bevor man es ausschmolz, eine Negativform herstellen, mit deren Hilfe man beliebig viele Duplikate des Originalwachsmodells anfertigen konnte. Solche Vervielfältigungen eines mittels des Wachsausschmelzverfahrens hergestellten Bronzeoriginals sind also nicht mehr »Einzelstücke« im strengen Sinne.

Die hier abgebildete Osiris-Bronze, von der der Oberteil erhalten ist, hat eine Geschichte (Abb. 109). Bei seiner Entdeckung war das Stück mit einer dickkrustigen Patina bedeckt, die keinerlei Einzelheiten erkennen ließ. Wegen seines unansehnlichen Aussehens blieb es jahrelang unbeachtet liegen. Schließlich wurde die Verkrustung von einem geschickten Spezialisten mit modernen Methoden entfernt. Dabei

109   *Osiris. Bronze. Hohlguß. Höhe 12,8 cm. Vgl. Text.*

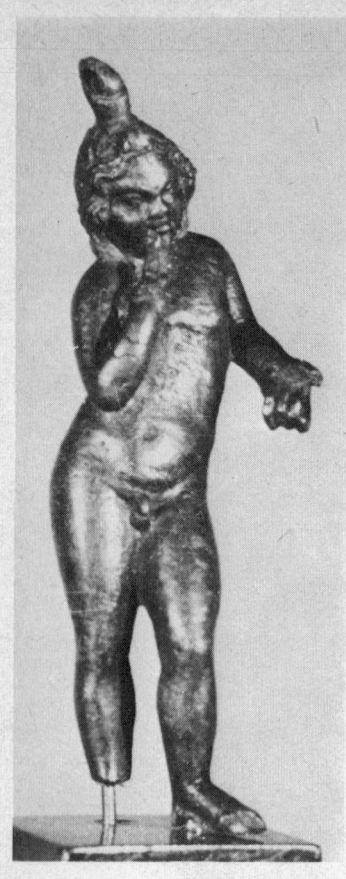

110   *Links: Stehender Harpokrates (Horus das Kind). Bronze. Bronzevollguß mit schwarz-grüner und roter Patina. Höhe 10,2 cm. 1.—2. Jh. n. Chr. Auf dem gelockten Haar eine kleine ägyptische Doppelkrone.*

111   *Rechts: Rückansicht derselben Figur wie Abb. 110.*

kamen die feinen porträthaften Züge zum Vorschein, die an einen Thutmosiden Monarchen erinnern. Die meisten der erhaltenen Osiris-Statuetten stammen aus der Zeit zwischen 1000—400 v. Chr.

Als die Ptolemäer und die Römer nach Ägypten kamen, blieben ihnen die ägyptischen Gottheiten zum großen Teil fremd. Nicht so der Osiriskult. Im griechischen Alexandria verehrte man den Gott, nebst seiner Gattin Isis und ihrem Sohn Harpokrates (Horus). Aus dieser Zeit (1.—2. Jahrhundert n. Chr.) stammt die hier abgebildete Statuette (Abb. 110, 111) des Harpokrates. Sie gehört gleichermaßen in den ägyptischen wie den hellenistischen Kunstbereich, denn es handelt sich

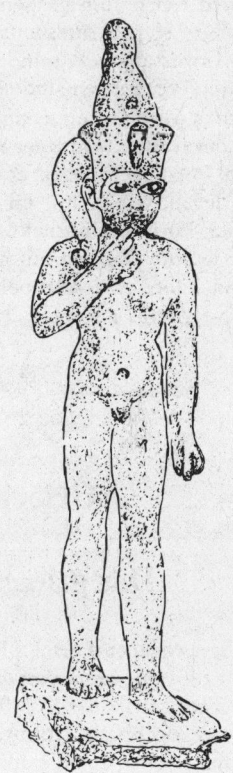

112 *Stehender Harpokrates. Bronze. 19. Dynastie. British Museum, London. Er trägt die Doppelkrone der Pharaonen. Bis in die späte Zeit wird ›Horus das Kind‹ mit der jugendlichen Seitenlocke dargestellt.*

bei dem kleinen Gott um einen ägyptischen Typ, der im griechischen Geist geformt ist. »Horus, das Kind« hat hier nichts mehr von der strengen ägyptischen Haltung, der wir in einer anderen, früheren Bronze aus der 19. Dynastie begegnen (Abb. 112). Zwar weisen beide Statuetten die Doppelkronen der Pharaonen, die Seitenlocke und die Geste des den Mund berührenden Zeigefingers auf. Daran haben 1200 Jahre nichts geändert. Aber in der späteren Version schaut uns ein anderer, sinnesfreudigerer Gott an. Die ägyptische Doppelkrone ist zu einem winzigen, einer Blüte ähnelnden Ornament auf dem Lockenhaar geworden. Wie der Rest der Figur, ist das Gesicht sehr fein ausgeführt. Es ist das eines schalkhaften Eroten, den das Leben und die Schönheit fesseln, die auf der Erde zu finden sind. Die ägyptischen Gottheiten Osiris, Isis, Harpokrates und Anubis verdankten ihre Popularität im großrömischen Reich zum großen Teil ihren Jenseitsversprechungen. Der hellenisierte Harpokrates entstand, als sich die griechischen und ägyptischen Erwartungen mischten. Der griechische Geist dominierte. Die Jenseitsversprechungen sind sehr diesseitig geworden.

Ein Sammler vermag mit einigem Glück solch eine kleine gräko-römische Bronzestatuette in einer Kunstgalerie oder vielleicht bei einer geschäftigen Versteigerung zu erwerben. Er wird kaum Zeit haben, sich zu überlegen, was es mit ihr auf sich hat, aber er ist von ihrer künstlerischen Form beeindruckt und kauft sie. Sie ist ein Ausdruck griechischer Kultur, die sich mit allen Fähigkeiten dem vollen Leben zukehrte und dabei eine Akropolis des Geistes errichtete, die noch heute wie ein Hymnus auf das Leben und seine irdischen Erfüllungen ist.

Griechenland

Das griechische Ideal

Mit ihren ausgewogenen Formen bildet die griechische Kunst für den an idealem Kulturgut besonders interessierten Sammler einen Höhepunkt. Von solch erhabener Plattform läßt sich weit Ausschau halten, zurück auf vorgriechische Kulturen und ihre Kunst, voraus auf die Nachfolge, den Abstieg und Versuche der Wiedererweckung. Kunst ist das Medium, das wie kein anderes es dem Menschen ermöglicht, seinen innersten Anliegen sichtbaren Ausdruck zu geben. Der Grieche, der in sich das Ideal des physisch, geistig und moralisch heilen Menschen entdeckte, bediente sich in glücklichster Weise der zu allen Zeiten gültigen, elementaren Formprinzipien, vor allem der plastischen Kunst, um den neuen Menschen der Welt vorzustellen. Wenn wir die Werke betrachten, die die griechische Kunst uns hinterlassen hat, dann begreifen wir sofort, daß es wirksamere Mittel gibt als kleinliche Vorschrift und langwieriges Argument, um Ehrfurcht und Staunen vor dem Zauber der Welt in uns zu erwecken.

Das Erst- und Einmalige und Ewig-Jugendliche und auch die Vollkommenheit, die wir bei der Betrachtung eines griechischen, etwa attischen, Kleinkunstwerks empfinden, folgen direkt aus dem griechischen Charakter. Es ist sehr viel darüber geschrieben worden, und doch bleibt das Wunder immer neu und interessant genug, um seinem Wesen und seinen Ursachen nachzugehen. Wie sich der Grieche der Welt und den Dingen und sich selbst gegenüber verhielt, das war in der Geschichte der Menschheit etwas durchaus Neues. Die Griechen waren ein Volk von unerhörter Energie der Physis und großer Urteilskraft. Sie waren allem aufgeschlossen; sie bedienten sich des Arguments vornehmlich, um sich über ihre eigene und die Natur der Dinge klarzuwerden. Und sie entdeckten, daß Freiheit nicht möglich ist und daß die Persönlichkeit des einzelnen sich nicht entfalten kann, wenn Übertreibung und Exzeß die Oberhand gewinnen. Der Mensch kann die Bedingungen des Seins nicht ändern. Was den Rest betrifft, so kann er sein Schicksal steuern, wenn er seine Freiheit nicht mißbraucht, Extreme vermeidet, zu wählen weiß und Maß übt. Und bei allem hat der Grieche einen ausgesprochenen Sinn für Proportion, für die Musik in den Dingen und in der Welt, mit anderen Worten, für Poesie. Seine plastische Kunst ist poetisch. An einer griechischen Statue spricht nicht nur das Gesicht. Alles an ihr ist lebendig, das Ganze poetisch. Er stellt den Menschen dar in der Fülle der Jugend. Alles Unwesentliche und Unnötige wird ausgeschlossen; nur das Wesen stellt er dar, und dies etwas besser, als die irdische Erscheinung. Er ist dabei weder überrealistisch, noch melodramatisch. Auch den Tieren gewährt er die Freiheit, so aufzutreten, wie sie sind. Er stellt sie schön dar und voller Leben und vollkommen in ihrer Art. Das Ziel seiner Kunst ist Exzellenz. Nie schickt sie eine Idee halbgereift in die Welt.

Das griechische Ideal der Lebensvollkommenheit mit Freiheit für jedermann in einer wohl-organisierten Gesellschaft ist auch unser Problem. Wie es der Grieche anging, das erzählt er uns in seiner Literatur. Aber auch ohne diese wüßten wir es, wenn wir seine Kunstwerke aufmerksam betrachten. Sie lassen uns die Welt sehen, wie der Grieche sie sah, und zum Glück des Sammlers ist in den Formen der Kleinkunst vieles und wesentliches erhalten geblieben.

Der Kampf des sumerischen Gilgamesch gegen die Tatsache des Todes fand keine harmonische Lösung. Erst der Grieche fand eine Antwort. Er gibt sie uns in der Mythe der Dioskuren, welche diejenigen, die sich nicht trennen wollen, als ewigen Stern in den Himmel versetzt. Dort werden sie im täglichen Kreislauf sowohl an der Welt des Lichtes, wie an der des Dunkels teilhaben.

Werke griechischer Kleinkunst sind der Stolz einer jeden Sammlung und eine kaum zu überbietende Quelle der Befriedigung. Doch sind gerade auf diesem Gebiet, will man erfolgreich sammeln, Kenntnis und Erfahrung notwendig. Während eines halben Jahrtausends griechischer und hellenistisch-römischer Kunstproduktion hat die griechische Welt, von Süditalien und Sizilien bis hinein nach Ägypten und Kleinasien Kunstformen der verschiedensten Art hervorgebracht. Es gibt viel Flüchtiges und Peripheres darunter, das der Sammler auch ohne große Erfahrung als solches erkennt. Um aber mit einiger Genauigkeit Alter und Stil der statuarischen und kleinen Objekte bestimmen zu lernen, empfiehlt es sich, zunächst so oft wie möglich einschlägige Museen und Galerien zu besichtigen und daneben illustrierte Handbücher über griechische Kunst zu konsultieren. Kenntnis der Hauptstile,

113 *Kopf eines Greifen vom Rand eines Bronzekessels. Höhe 15 cm. Ca. 600 v. Chr.*
Zeichnung nach Lichtbild in Seltman 1948, Approach to Greek Art. Tafel 21 a. Derartige Kessel waren Votivgaben in griechischen Heiligtümern wie Delphi.

136

der individuellen Meister und ihrer Schulen ist erforderlich. Es ist dabei äußerst hilfreich und bringt den Sammler praktisch an den Ladentisch, wenn er sich Verkaufs- und Auktionskataloge griechischer und auch römischer Objekte beschafft. Diese sind zumeist reich illustriert, geben wissenschaftlich korrekte, oft ausführliche Beschreibungen und Schätzungspreise.

Die Landschaft des klassischen Griechenlands war wie ein offenes Museum, in dem sich große und kleine Kunstwerke aller Arten befanden. Die Bildwerke aus Marmor waren gefärbt und sahen anders aus als heute. Jedes Objekt stand zweckverbunden (als Opfergabe, den Göttern zu Ehren, den Toten zur Erinnerung, zur öffentlichen Schau, zum Gebrauch) an der Stelle, wo es hingehörte. In unseren Museen ist die griechische Kunst in Abteilungen geordnet. Wir betrachten die Marmorbildwerke der Münchner Glyptothek, dann gehen wir hinüber zu den Antikensammlungen. Dort erfreuen wir uns an der Kleinkunst, an den Statuetten aus Bronze, Terrakotta, den herrlichen Vasen, dem Goldschmuck und manch anderem. Viele betrachten, nach alter Schule, die Marmorwerke als die Krone des griechischen Kunstschaffens, Malerei und Kleinkunst als weniger wichtig. Die Griechen waren anderer Meinung. Als sie die großen Statuen aufstellten, waren sie bereits Meister im Kleinen. Hätten wir die Möglichkeit, die Meister selbst zu befragen, Phidias und Polyklet und Praxiteles und viele andere vor und nach ihnen, sie hätten uns erklärt, daß ihnen Arbeitsteilung fremd sei, daß sie aber in erster Linie gelernte Toreuten seien! Toreuten sind geübt, feine Dinge aus Metall, Elfenbein und edlen Steinen herzustellen (Abb. 113). Sie hätten uns die Gefäße und Geräte, auch Waffen aus Bronze, aus Silber und Gold gezeigt, andere Gegenstände aus Elfenbein, und die Gemmen. Die Techniken, derer man sich bediente, um diese zu machen, waren Treiben, Gravieren, Schnitzen; erst gegen Ende des 6. Jh. v. Chr. verdrängte bei Großbronzen der Hohlguß die ursprünglichen Arbeitsweisen der Toreutik. Die berühmte Statue der Athena Parthenos auf der Akropolis, ein Meisterwerk des Phidias, war in der gleichen Weise gefertigt, aus Elfenbein und Gold, wie die über tausend Jahre älteren kleinen minoischen Figuren von Priesterinnen, Schlangengöttinnen und Athleten und Athletinnen des Stierkampf-Spieles.

Wir haben gesehen, wie der griechische Charakter und der griechische Geist den idealistischen Realismus der griechischen Kunst für uns entschlüsseln. Aber wer waren die Griechen? Und woher nahmen sie zuerst ihre Anregung? Und was wurde aus ihrer Kunst, als Griechenland die politische Eigenständigkeit verlor? Die Griechen, ein Volk von

137

Individualisten, schufen die fortschrittlichste Kultur, die die Welt gesehen hatte! Sie waren sich darüber einig, daß man die Wahrheit kompromißlos ermitteln und ihr ins Gesicht sehen müsse. Daß jeder Stadtstaat nebenher meist nur im eigenen Interesse zu handeln vermochte und trotz der Folgen unbelehrbar blieb, sollten die, die aus der Geschichte selbst nicht gelernt haben, am allerwenigsten kritisieren.

Der griechische Künstler war stolz auf seine Leistung. Schon im 6. Jahrhundert v. Chr. wurden Werke signiert. Die griechischen Denker fanden, daß der Mensch »das Maß aller Dinge« sei. Und der griechische Künstler identifizierte sich mit seinen bestausgewogenen Werken. Wir fragen weiter: Entstand denn dies alles von heute auf morgen? Für die Griechen selbst lag der Beginn im Zwielicht einer vagen mythischen Vergangenheit. Sie waren eine rassisch gemischte Nation und übernahmen natürlich Anregungen von anderen älteren Zivilisa-

114 *Schale mit hohem Fuß. Höhe 19 cm, Durchmesser mit Henkeln 23,7 cm. Ohne Henkel etwa 16,8 cm. Beigefarbener Ton, ebensolcher Überzug, dunkel bis rotbraune Malfarbe. Auf der Wandung beiderseits* Polyp *mit je vier Fangarmen. Mykenische Kultur (= Späthelladisch). Ende des 14. Jh.—1250 v. Chr.*
Aus Auktion 51, Münzen und Medaillen AG, Basel, März 1975 (Sfr. 15 500).

tionen, unter ihnen Mesopotamien, Ägypten und Kreta. Aber der Elan und die Dynamik der griechischen Kunst ist vor allem in der letztgenannten Kultur der Ägäis zu suchen; sie sind eine Erbschaft der morgendlichen minoisch-kretischen und helladisch-mykenischen Kultur, zwischen 3000 und 1100 v. Chr. (Abb. 114).

Die herrliche, lebensfreudige Kunst des vorhomerischen Knossos mit den Wandmalereien, Statuetten, den geschnittenen Siegelsteinen war aber zunächst für die Griechen nicht unmittelbar faßbar; sie war kein Teil ungebrochener Tradition. Die Griechen hatten mit der Kunst von neuem zu beginnen. Sie fingen dort an, wo mancher Kunststil endete und andererseits ein neuer gern beginnt: mit der geometrischen

Form. In der Gruppe »Mann und Zentaur« (Abb. 115) ertastet sie bereits mit viel Humor das Lebendige. Nach 600 v. Chr. werden dann die Darstellungen sinnfälliger und bewegter, und der Grieche stellt den idealen Menschen dar, wie er sein möchte und sein könnte, zuerst in archaischer, dann in klassischer Lebensfülle. Und wenn wir den Ausgang gleich vorwegnehmen dürfen, am Ende porträtiert er ihn, wie er ist, mit allem Zufälligen, allen seinen Schwächen, aller seiner Unruhe.

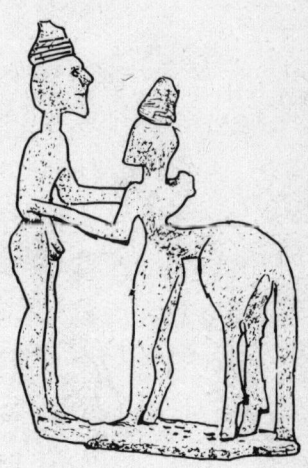

115 *Bronzegruppe Mann und Zentaur. Höhe 11,3 cm. Geometrische Periode. Ca. 8. Jh. v. Chr. Metropolitan Museum of Art, New York.*

Die Ägypter hatten den Typ des stehenden Mannes geschaffen. Dies machte den griechischen Kunsthandwerkern den denkbar größten Eindruck, und sie ahmten ihn seit 650 v. Chr. nach. Die archaischgriechische, mythisch-lächelnde Jünglingsstatue, der »Kuros«, war das Ergebnis, im ägyptischen Schema, aber schon gespannt mit dem rastlosen, glühenden Leben Griechenlands.

Im frühen 6. Jahrhundert v. Chr. wurden die Statuen von Sounion und Delphi geschaffen, 570—550 v. Chr. der Apollo von Tenea und 540 bis 530 v. Chr. der Jüngling von Attika. Die kleinen Formen zeigen den gleichen Stil.

Zunehmende Bewegtheit, die im Hermes des Praxiteles die Oberfläche der Plastik erreicht, so kann man die Entwicklung der nächsten 200 Jahre definieren (Abb. 116). Der Bildner befreit den Körper aus der anfänglichen steinernen Starre der Frühzeit, so wie der griechische Denker den Geist befreit, indem er ihm die Bedingungen seines Menschentums, seine Größe und seine Grenzen aufzeigt. Griechischer Gedanke und griechisches Bildwerk sind späteren Zivilisationen Maßstab ihrer selbst geworden. Der Forscher fördert sie zutage; der Ungeist begräbt sie wieder; der Sammler, der sie findet, hat es schwer, zu entscheiden, was ihn mehr erfreut: die glückliche Entdeckung oder das Licht, das von ihnen ausgeht.

116   *Praxiteles von Athen. Hermes trägt das Kind Dionysos.*
Ca. 343 v. Chr. Griechisches Original; gefunden in Olympia. Schon im Altertum als ›wahr und naturgetreu‹ bezeichnet. Doch ist die Illusion, die den Stein wie lebend erscheinen läßt, hier nicht Selbstzweck. Eine große Idee beherrscht die ganze Komposition: Verständnis, Güte und Freundlichkeit, die Grundlagen der Humanität.

117 *Kopf des Buddha. Kalk-*
steingemisch, früher bemalt.
Höhe 29 cm. Gandhara.
4.—5. Jh. n. Chr. Victoria and
Albert Museum, London.
  Die klar geschnittenen Formen
dieses Kopfes deuten auf eine
Verbindung mit der Schule von
Sarnath. Man denkt bei der
Betrachtung an Griechenland.
Aber was besagt der friedliche
Ausdruck, der nicht ganz das
griechische Lächeln ist? Das
Wissen, daß sich das Leben um
den Preis der Ausbeutung und
des Opfers vollzieht, hat dem
indischen Menschen den Wunsch
nach dem Überwinderschlaf des
Buddhas eingegeben, in welchem
er Befreiung von der Last der
weltlichen Erbschaft zu finden
hofft.
  Alles in allem ein Symbol der
meist vergeblichen menschlichen
Bemühung, Abstand vom
Vergänglichen zu gewinnen.

Die griechische Kunst ist diesseitiger als die ägyptische. Sie strahlt
auf einer anderen Wellenlänge aus. Für den Ägypter war die Kunst das
Medium, das ihm ermöglichte, seinen Ewigkeitsanspruch im Bilde
nicht nur zu unterstreichen, sondern ein für allemal in die Tat umzu-
setzen. Die Bildkunst war ein Teil seiner mystisch-magischen Appara-
tur. Der Grieche trieb keine Magie. Sein Bedürfnis, kritisch zu erkennen, war stärker als alles andere. Nur sein hohes Ethos und seine
mythische Erfindungskraft verhinderten, daß das Bündnis zwischen
Gott und Mensch, zwischen Schöpfer und Geschöpf, nicht schon früh
auseinanderbrach. Die griechische Geistigkeit verstand es, selbst der
Enttäuschung das Beste abzugewinnen.

An den Maßstäben Mesopotamiens und Ägyptens gemessen, sind
die griechischen Stilperioden kurz. Das langlebige ägyptische Kunst-
schaffen, von dem Gedanken der Permanenz beherrscht, hält fest an
der Tradition, während der Grieche, nach den ersten Kontakten mit
dem Orient, seit dem 7. Jahrhundert v. Chr., eine ihm eigene unglaub-

118   *Männlicher Torso.*
Terrakotta. Höhe 9,8 cm.
Hellenistisch-indische
Mischkunst. Ca. 4. Jahrh.
n. Chr. Gandhara.
   Der griechische Einfluß ist
deutlich; die starke Torsion
des Körpers ist ein uraltes
indisches Element.

liche Schaffenskraft entwickelt und auf Entdeckungsfahrten ausgeht,
die einem Wunder gleichen, ihm aber keinen Frieden bringen. Die geometrische und die lebensvolle archaische Phase sind im Verhältnis
noch lang; sie umfassen die Zeit von 1100—500 v. Chr. Die folgenden
verlaufen leidenschaftlich und beängstigend schnell. In kurzer Zeit er-
forscht der Hellene die Welt seines Ichs und häuft auf allen Gebieten
Erkenntnisse. Dem entspricht in der bildenden Kunst ein rastloses Gestalten. Der klassischen ausgewogenen Kunst des 5. Jahrhunderts folgt
die des vierten, immer noch schöpferisch. Diese hellenistische Kunst
formt die Brücke zwischen dem klassischen Griechenland und dem
kaiserlichen Rom. Sie setzt die klassische Tradition fort, hat aber eine

komplexe Geschichte und bevorzugt häufig Themen von relativer Bedeutungslosigkeit; oft ist sie eklektisch, genrehaft, rein dekorativ.

Von Anbeginn verstand der griechische Künstler, eine Mannigfaltigkeit von Details subtil einem gegebenen Umriß einzuordnen, gleich ob es sich um das Giebelfeld eines Tempels, das Rund einer Vase oder eine Münze handelte. Die Welt war nicht blind der Poesie und der technischen Exzellenz der griechischen Kunst gegenüber. Auch heute ist der Sammler glücklich mit dem schön ausgeführten kleinen Gegenstand aus Griechenland, auch wenn es sich um ein verhältnismäßig spätes Werk oder gar um eine Kopie eines älteren Originals handelt. Oft wird es ihm sogar schwerfallen, eine Nachbildung, vielleicht von einem römischen Hellenen angefertigt, von einem Original zu unterscheiden. Das hellenistische Vorbild wirkte nicht nur in den Mittelmeerländern, sondern weit darüber hinaus, bis nach Indien und Afghanistan (Abb. 117, 118). Sein Einfluß ist vielerorts bemerkbar. So entstand viel Sammelnswertes nicht nur in Griechenland selbst, oder den griechischen Kolonien, sondern in einem weiteren Umkreis. Neben reizenden Mischformen im griechischen Geiste findet sich allerhand, das nicht gerade zum Besten gehört, aber schon die Tatsache, daß es »griechisch« ist, läßt es interessant und des Aufhebens wert erscheinen.

Überschauen wir im folgenden kurz eine Auswahl griechischer Kleinkunsterzeugnisse.

Bronzestatuetten

Die Griechen übernahmen das Wachsausschmelzverfahren von den Ägyptern. Neben Ton und gelegentlich Marmor verwendete man für die Herstellung von Statuetten vorwiegend Bronze. Die Technik war relativ kompliziert; Anfertigung des Modells, Guß und Nachbearbeitung erforderten Geschick. Auch zur Herstellung kleiner Objekte im Vollguß eignete sie sich. Ursprünglich stellte man nur kleinere Bronzen her; in vielen Stil- und Spielarten und in allen Perioden. Die griechischen Bronzegießer haben den Etruskern, Römern und Gallo-Romanen den Weg gewiesen. Über den griechischen, hellenistischen und römischen Bronzen sollte der Sammler nicht versäumen, das, was sich im übrigen Europa abspielte, zu beachten, zum Beispiel keltische Arbeiten und die keltischer Vermittlung zugeschriebenen, in Nordeuropa aufgefundenen Objekte. Ganz für sich stehen stilistisch die kleinen vor-römischen Kultbronzen Sardiniens.

Die bedeutendsten griechischen Bildner in Stein — Myron, Phidias, Polyklet, Lysipp und andere — fertigten neben kleinen Werken auch Großplastiken in Bronze an. Diese sahen damals anders aus als heute: Bei der Aufstellung im Freien oder in Tempeln waren Metallstatuen, ehe sich eine Patina bildete, besonders wirksam. Heute erhöht allerdings eine gute Patina den Wert des Stückes beträchtlich, vor allem bei Münzen; eine schlechte Oberfläche kann das Aussehen eines Objektes sehr beeinträchtigen, aber man entfernt die Patina nur im Notfall.

In vielen Fällen wurde zunächst ein Modell des Gegenstandes in Ton oder Holz hergestellt, dann in formbaren, feuerbeständigen Ton eingedrückt und so ein Negativ des Originals hergestellt, das zur Aufnahme der geschmolzenen Bronze diente. Es läßt sich nicht selten bei den kleinen Bronzefiguren in unseren Sammlungen feststellen, ob das ursprüngliche Modell aus Ton oder Holz geformt war. Ein Modell aus Ton gibt der nach ihm geformten Bronze ein »keramisches« Aussehen, während eines, das nach einem aus Holz geschnitzten Modell gegossen wurde, schärfere, hölzerne, daher mehr skulpturelle Konturen aufweist (vgl. Abb. 115, Mann und Zentaur). Auch die berühmten, um 490 v. Chr. entstandenen Ägineten der Münchener Glyptothek müßten ihren harten, scharf konturierten Oberflächen nach Holzmodelle als Grundlage gehabt haben.

In der minoisch-kretischen Epoche gab es Kleinplastiken aus Ton, Elfenbein und Bronze, die beispielsweise Menschen als Gefäßträger, bei athletischem Spiel oder als Adoranten (Abb. 119) darstellten. Nach langer Unterbrechung hatten die Griechen ihre Kleinkunst mit ähnlichen Formen begonnen, die jedoch das Geometrische mehr betonten. Der im Vollguß hergestellte »Krieger«, der offenbar im Begriff ist, eine Lanze zu erheben (Abb. 120), ist ein Beispiel des geometrischen Stils. Es gibt zahlreiche Versionen solcher Figuren. Etwas später, etwa um 700 v. Chr., datiert man die lebensvolle Darstellung eines peloponnesischen Toreuten. Das Stück stammt wohl aus der Zeit des Übergangs von der geometrischen zur archaischen Stilstufe. Man sieht einen Waffenschmied bei der Arbeit (Abb. 121). Zu den schönsten Kleinbronzen gehören später schlanke athletische Mädchenfiguren, die als Spiegeluntersätze dienten und aus Sparta stammten. Eine herrliche Spiegelträgerin besitzen die Staatlichen Antikensammlungen in München (inv. 3482).

Selten ist ein Stück ganz vollständig. Aber selbst ein verhältnismäßig schmales Fragment kann uns viel sagen, wenn es sich um ein griechisches Original handelt oder im griechischen Geiste von Hellenen oder kompetenten römischen Künstlern kopiert oder nachgefühlt wurde.

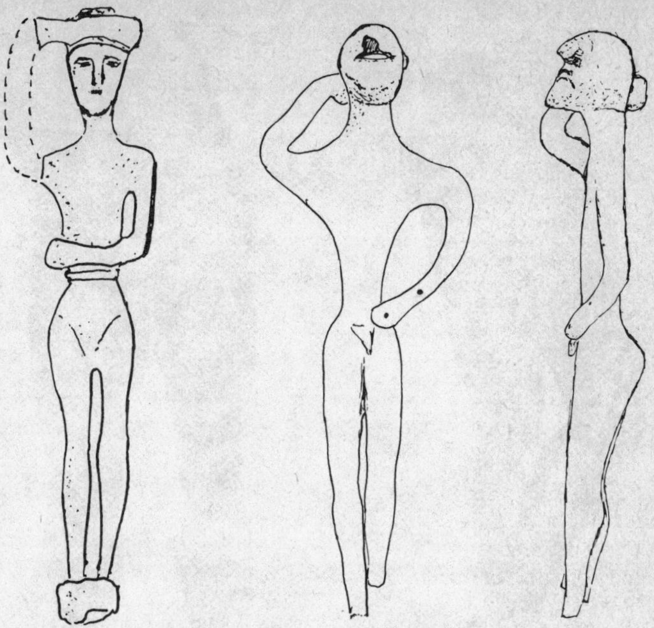

119 Oben links: Adorant. Elfenbein. Höhe
10,2 cm. Spätminoisch I. Um 1600—1500 v. Chr.

120 Oben rechts: Stehender Mann. Bronze. Höhe
21 cm. ›Krieger‹ von der Akropolis in Athen. Vor-
der- und Seitenansicht. Geometrische Periode. 8. Jh.
v. Chr. Nationalmuseum, Athen.

121 Waffenschmied, mit gekreuzten
Beinen bei der Arbeit sitzend. Bronze.
Höhe 8 cm. Spät-geometrisch. 8. bis
7. Jh. v. Chr. Vranište (Bela Palanka).
National Museum, Belgrad. (Vgl.
Dr. Lj. B. Popović in Greek, Roman
and early Christian Bronzes in Yugo-
slavia, Belgrad 1969.)

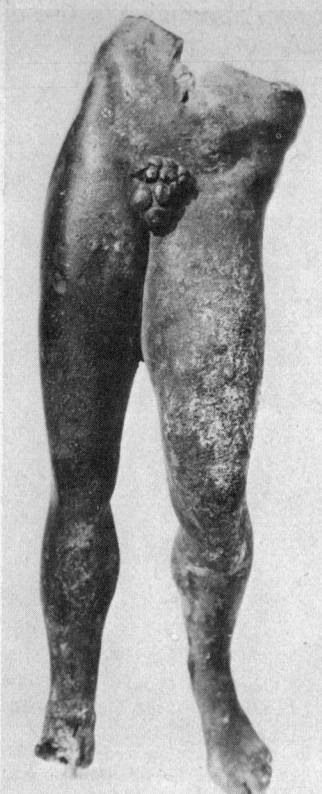

Der in Abb. 122, 123, 124 wiedergegebene Torso im Geiste eines frühen Originals ist immer noch schön, obwohl ein bilderstürmender »Vandale« ihn verstümmelte. Die Einschläge eines scharfen Gegenstandes, welcher den Oberkörper abschlug, sind heute noch zu sehen. Die Statuette ist sehr sorgfältig gegossen. Sie steht einem griechischen Vorbild des 4. Jahrhunderts v. Chr. sehr nahe.

Lysippos von Sikyon (Peleponnes) war der letzte griechische Bildhauer von überragender Bedeutung. Alexander der Große beschäftigte

122, 123, 124
Männlicher Torso.
Bronze. Hohlguß.
Glatte, schwarze Patina.
Sehr sorgfältige Arbeit.
Höhe 18 cm. Fundort:
Kilikien. Vgl. Text.

ihn als Hofporträtist; er hat eine große Zahl von Werken geschaffen und arbeitete vornehmlich in Bronze. Zahlreiche Arbeiten zeigen seinen Stil; keine ist mit Sicherheit von der Hand des Meisters selbst. Eine Kleinbronze eines Jünglings oder Athleten (Abb. 125, 126) zeigt deutlich den Einfluß des Lysippos. Die Statuette ist wohl dem 2. Jahrhundert v. Chr. zuzuweisen. Lysippos betrachtete zwar Polyklet als seinen Lehrmeister, brach aber selbst endgültig mit der Tradition des frontalen Kuros-Typs, den man selbst noch in der gelockerten Gestalt

125 *Jüngling oder Athlet. Bronzevollguß. Höhe 11,5 cm. Ca. 2. Jh. v. Chr. Die Tradition des Lysippos ist unverkennbar. Privatsammlung, USA.*

Schönheit zwingt den Weisesten in die Knie. In diesem Sinne ist griechische Kunst nicht nur Traum und Vision, sondern leibhafte Wirklichkeitsdarstellung.

Der Grieche legte großes Gewicht auf körperliche Vollkommenheit. Er wußte, daß die Musik, die die Seele vernimmt und mit der der Geist umgeht, nur so gut sein kann wie die Beschaffenheit der Klaviatur, d. h. die körperliche Organisation, in der sie ihren Sitz hat.

Direkt zu uns aus der lebendigen, gefühlssicheren Welt Altgriechenlands kommt der hochgemute junge Athlet. Seinem Bildner ging es darum, den Vielbewunderten im ruhigen Vollbesitz aller seiner Kräfte vorzustellen. Dankbar für die Gunst des Himmels, weiß dieser sein Geschenk zu pflegen und zu fördern. Er wird sein alles für den Gott und das Allgemeinwohl einsetzen, wenn das Gebot der Stunde es verlangt. Das älteste griechische Wort für Bildsäule oder Statue ist agalma, *was soviel bedeutet wie Kleinod oder Entzückendes.*

126 *Eine andere Ansicht der Figur Abb. 125.*

des Hermes des Praxiteles (vgl. Abb. 116) spürt. Bei den lebensnahen Statuen des Lysippos stellt sich kein imaginärer Steinblock unserer Phantasie in den Weg; die dargestellte Person bewegt sich für uns im Raum frei nach allen Seiten und soll dementsprechend betrachtet werden. Lysippos benutzte den Kunstgriff, auf schlanke und gleichzeitig ein wenig üppige, aber dabei straffe Körper fein gearbeitete Köpfe zu setzen, die verhältnismäßig klein waren. Dadurch entstand die Illusion größerer Höhe. Die Zeitgenossen waren von seinen Werken sehr beeindruckt; er beeinflußte den Stil zahlreicher Bildner der hellenistischen Epoche.

Keramische Gefäße und Vasen

Die reich dekorierten Gefäße, die sich von der geometrischen bis in die spät-hellenistische Epoche hinziehen, sind berühmt. Verhältnismäßig wenige Grundformen und Unterarten, die beträchtlich variieren können (Abb. 127), bilden mit ihren Bildern griechischen Lebens ein unerschöpfliches Sammelgebiet.

Wie wurden die griechischen Gefäße verwendet? Im täglichen Gebrauch zur Aufbewahrung von Lebensmitteln, für Wasser und Wein zum Mischen, Servieren und Trinken. Öl-Amphoren attischer Meister wurden als Preisgeschenke den Siegern in den Athener Wettspielen gegeben, die sie später ihrer heimischen Gottheit weihen konnten. Andere, vor allem Lekythen (Salbölflaschen), dienten dem Totenkult. Denn zu einem großen Teil weihte man die schönsten Gefäße Göttern und Verstorbenen. So kommen die meisten der in unseren Sammlungen befindlichen Gefäße aus Gräbern des griechischen Festlandes, von den Inseln des östlichen Mittelmeers, aus Italien, Sizilien und Kleinasien. Zahlreiche aus Attika stammende Vasen wurden in den zwanziger und dreißiger Jahren des vorigen Jahrhunderts durch Lucien Bonaparte und seine Verwandten aus Gräbern in der Nähe von Vulci, nordwestlich von Rom, entnommen und auf dem internationalen Antikenmarkt verkauft.

Die Formen der frühen griechischen Krüge haben noch Beziehung zu der älteren ägyptischen Keramik. Schon der frühe griechisch-geometrische Dekor (10.—8. Jahrhundert v. Chr.) ist sehr schön. Urwüchsige Kraft verbindet sich mit Eleganz, Sinn für Symmetrie und Proportion. Der Dekor besteht aus Strichgruppen und Mäandern, Rauten, Dreiecken und Kreismustern. Wo menschliche Figuren erscheinen,

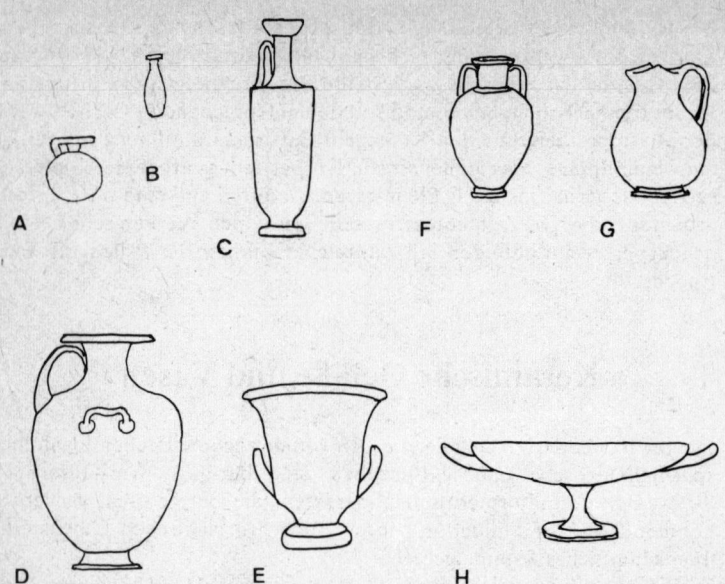

127 *A: Aryballos; B: Alabastron; C: Lekythos; D: Hydria; E: Krater; F: Amphora; G: Oinochoë; H: Kylix.*

Der Lekythos *war, wie der Name sagt, ein Ölbehälter (oder Salbgefäß) mit langem, engem Hals. Er wurde verwendet in Begräbnis-Riten und hatte meist einen schönen Dekor. Die schlanken Formen sind die älteren. Ein anderes Ölgefäß war das* Alabastron. *Ein bauchiges Ölfläschchen, von Athleten am Handgelenk getragen, hieß* Aryballos.

Die Amphora *war ein Vorratsgefäß. Der Name bezieht sich auf das Tragen an zwei Henkeln. Es diente zur Aufbewahrung von Wein, Honig und Öl. Ein Deckel schützte den Inhalt. Sie wurde oft als Prunkgefäß gestaltet.*

Die Oinochoë *war ein Gießgefäß. Nach der Kleeblattform des Ausgusses, die das Gießen erleichterte, bezeichnet man sie als Kleeblattkanne.*

Die Hydria, *ein Schöpfgefäß, wurde an der Quelle mit Wasser gefüllt. Man trug sie aufrecht. Sie ist der Form nach das schönste der griechischen Gefäße. Verschiedene Abarten.*

Der Krater *(von dem griechischen Verb ›mischen‹) war ein Mischgefäß für Wein und Wasser. Er mag auch als Waschgefäß gedient haben. Er wurde oft groß und prunkhaft gestaltet. Verschiedene Formen.*

Die Kylix *war ein flaches Trinkgefäß.*

Andere Trinkgefäße waren Skyphos, Rhyton *und* Kantharos.

128 *Attische Halshenkelamphora.
Höhe 29,9 cm. Halsbilder (beider-
seits): Schreitendes Fohlen; darunter,
Rautenstern. Schulter (beiderseits):
Jagender Hund.*

*Spätgeometrisch, spätes 8. Jh.
v. Chr. Werkstätte des Malers der
Amphora Athen 894, der noch in der
Tradition des Dipylonmalers steht.
Das Motiv der jagenden Hundemeute
ist ein Vorbote des orientalisierenden
Kunststils.*

*Auktion Münzen und
Medaillen AG, Basel, März 1975
(Sfr. 6500,—).*

stellt man sie in archaischer Manier dar mit dreieckigen Körpern und
spindelförmigen Gliedmaßen, prominenten Nasen und großen runden
Augen.

Die geometrischen Tongefäße, meist Amphoren und Kannen, sind in
der Tat optische Wunder, voller Phantasie, mit ihren nach dem Prinzip
der Reihung horizontal umlaufenden Figurenfriesen, die selbst wieder,
in geschickter Weise sich der Wölbung des Gefäßes anpassend, übereinander gelagert sind.

Hervorzuheben sind besonders die in der ersten Hälfte des 8. Jahrhunderts hergestellten großen attischen Grabgefäße in dem sog. *Dipy-
lonstil.* Sie sind geschmückt mit mannigfaltigen Mäandervarianten.
Man fand sie in den Gräbern unter dem großen Doppeltor (Dipylon)
der themistokleischen Stadtmauer Athens (Abb. 128).

Allmählich wird der geometrische Stil von figürlich gestaltetem vege-tativem Leben durchsetzt: von pflanzlichen, Tier- und Menschen-motiven. Zunächst rein dekorativ, in heraldischer Ordnung, entwickelt sich ein »orientalisierender« Stil (8.—6. Jahrhundert v. Chr.). Die Ge-fäßformen des 7. Jahrhunderts sind griechisch, die Dekoration der Oberflächen, mit stilisierten Pflanzenformen und Tierfriesen aber haben östlichen Charakter; rein formativ betrachtet, vom Standpunkt des Keramikers, haben diese beschriebenen Gefäße noch jene Einheit von Form und Dekor, die späterhin nicht selten verlorengeht.

Im frühen und mittleren 6. Jahrhundert erreicht die Vasenmalerei einen dynamischen Höhepunkt. Die Lebensfülle und das Gefühl für feinen Dekor dieser Epoche sind kaum zu übertreffen. Die menschliche Figur steht im Vordergrund. In den Bildern der Vasen wird alles sicht-bar. Wir sehen den griechischen Menschen mit seinen Vorzügen und Schwächen in vielen Lebenslagen, ungehemmt und unverschüttet. Be-gegnete man diesem Griechen heute, so brauchte man den Menschen in ihm nicht erst zu suchen; er verbirgt sich vor uns in keiner Ver-schalung — er hätte uns aktiviert.

Der Sammler kann es nur begrüßen, daß das Form- und Bild-repertoire der großen Kunst sich derart en miniature auf Objekten der Kleinkunst wiederholt, um nur die Vasen, Münzen und Gemmen zu nennen. Wohl in keinem anderen Medium hat der Grieche ein so voll-ständiges Bild seiner Interessen, Institutionen, seiner Mythen und seiner Heldenverehrung hinterlassen wie auf den Vasen. Weit über 50000 befinden sich in Museen und privaten Sammlungen — die Zahl ist wahrscheinlich viel zu niedrig angesetzt —, vieles ist noch im Handel zu erwerben. Man kennt fast 100 Künstler namentlich. Sie stellen alles dar: die homerischen Helden der Legende, die Halbgötter des Olymp; Silene und Satyrn, die Mänaden verfolgen, Könige und Krieger. Wir sehen die Menschen bei ihren sportlichen Wettbewerben, bei Trink-gelagen oder wenn sie, durch Eros ermuntert, ihren Neigungen in freier, unorthodoxer Weise folgen. Wir lernen die Welt kennen, welche Äschylus, Sophokles und Aristophanes kannten, die geistig-sinnliche Welt, in der der Grieche zu Hause war. In ihr kam der Rausch des Dionysos und seines Festschwarms zu seinem Recht, aber auch sein geistiges Äquivalent: die Verzückung des Sängers für Apoll und seine Musen. Und es ist auch eine Welt der Trauer, der Trauer um die Ver-storbenen und die Vergänglichkeit des Lebens.

Dem Sammler fällt bald auf, daß die Figuren auf den Vasen zuerst schwarz auf rot erschienen waren, um 550 v. Chr. in umgekehrter Manier, in Rot auf einem schwarzen Hintergrund, zu sehen sind. Der

129 *Detail einer rotfigurigen Amphora des Euthymides: Theseus raubt Korone. 510 bis*
500 v. Chr. Staatliche Antikensammlungen, München.

glänzende, schwarze Überzug der griechischen Vasen ist übrigens von
sehr großer Widerstandsfähigkeit, und keinem Fälscher ist es gelungen, dieses Echtheitsmerkmal zu imitieren. Von einer rotfigurigen attischen Amphora des Malers Euthymides betitelt »Theseus raubt Korone« — Staatliche Antikensammlung in München — stammt der Ausschnitt der Abb. 129. Die Augen der Dargestellten sind hier noch in
der archaischen Weise ausgeführt, das heißt, der zur Nase hin gerich-
tete Augenwinkel ist noch geschlossen. Erst im 5. Jahrhundert wird das
Auge naturgetreu wiedergegeben: Der Ausdruck des Gesichts wird
zielbewußt (Abb. 130). Die sog. Augenschalen sind höchst dekorative
Sammelobjekte, wie das abgebildete Beispiel aus der Nikosthenes-
Werkstätte (520 v. Chr.) zeigt (Abb. 131).

130 *Attischer rotfiguriger kurzer Lekythos. Höhe 10 cm. Amazone mit phrygischer Mütze. Die Mütze ist mit schwarzen Punkten dekoriert. Meisterwerk ca. 440—430 v. Chr. Preis 1965 DM 11000,—. Kunsthandel USA.*

Form und Eigenart der griechischen Vasen erklären sich aus ihrem geistigen Hintergrund und der Multiplizität ihrer Funktionen. Man hat den mittel- und spätgriechischen Töpfern vorgeworfen, daß sie bei ihren Erzeugnissen zwei verschiedene Ziele verfolgten, ein keramisches und ein malerisches, die nicht immer eine Einheit bilden. Bezeichnenderweise tragen griechische Vasen mitunter zwei Signaturen, eine des Töpfers, der die exquisiten geometrischen Formen schuf, und eine des Malers. Wir möchten diese Vasen nicht missen.

Eine japanische Teeschale des Koyetsu will keinen Bericht über menschliche Begebenheiten erstatten. Sie ist ein Stück Natur und hat die subtile asymmetrische Form eines »keramischen Kiesels«. In dieser Art ist sie vollkommen, und dieser Vollkommenheit gelten die Worte der Bewunderung, die die Teilnehmer bei der Teezeremonie äußern.

Aber wenn diese kostbare Teeschale zerbricht, dann ist die einzelne Scherbe so gut wie wertlos. Zerbricht hingegen die griechische Vase, so verbleiben gewiß einige Bruchstücke der Komposition ihres Malers,

131 *Attische schwarzfigurige Augenschale. Höhe 10,2 cm. Durchmesser mit Henkeln 29,3 cm, ohne Henkel 21,9 cm. Unter den Henkeln am Boden pickende Hähne. Zwischen den Augen Götterbüsten. A. Jugendlicher behelmter Gott (oder Athena?). B. Bärtiger behelmter Gott. Wohl aus der Nikosthenes-Werkstätte. Um 520 v. Chr. Aus Auktion 34, Mai 1967, Münzen und Medaillen AG, Basel (Sfr. 13000,—.)*

von denen ein jedes eine in sich geschlossene strahlungskräftige Welt ist. Sie bestätigen, daß das Ganze in jedem seiner Teile vollkommen war.

Erst in der hellenistischen Zeit ersetzte Reliefornamentik die Malerei bei den griechischen Vasen.

Terrakotten

Die Griechen nahmen den natürlichen weichen Ton, um eine große Zahl meist kleiner dekorativer Objekte daraus zu formen, darunter Dachziegel, Plaketten, Vasen, Modelle für die statuarische Skulptur und Statuetten. Besonders die letzten entzückten durch ihre spontan dem Leben abgesehene Art und sind demzufolge bei Sammlern sehr beliebt. Zentren der Herstellung waren Attika, Böotien,

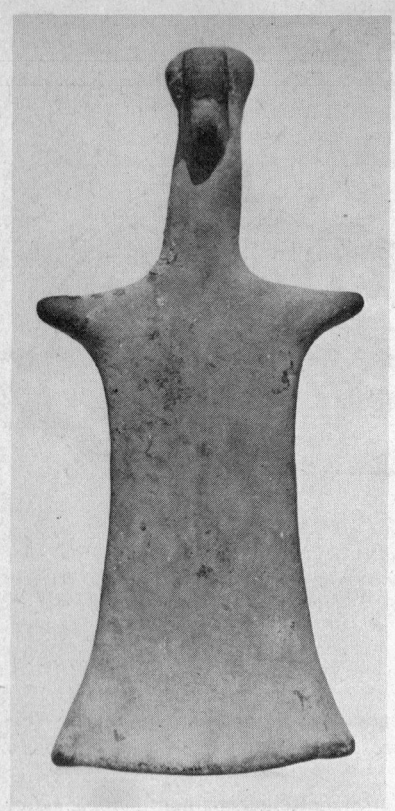
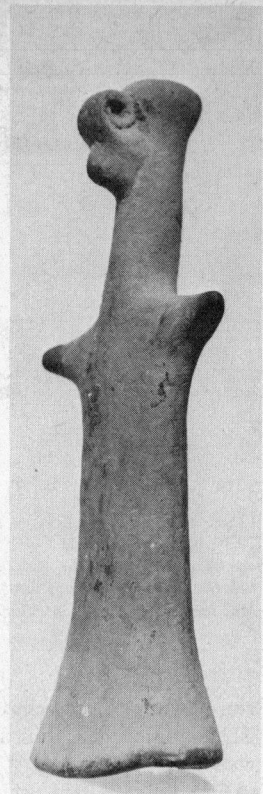

132 *Links: Idol-»Magna mater«. Rötlicher Ton mit Resten von Bemalung. Höhe 14,5 cm. Böotien. Ca. 700 v. Chr.*

133 *Rechts: Wie Abb. 132, von der Seite.*

Rhodos und Myrina (zwischen Pergamon und Smyrna); vieles entstand auch in den griechischen Städten Siziliens und Italiens. Es gibt eine große Anzahl guter Statuetten, die aus Heiligtümern, Gräbern und Privathäusern stammen und verschiedenen Zwecken dienten, als Weihegabe, für die Toten, sowie zur Unterhaltung und als Spielzeug.

Da sie stilistisch ganz den anderen Kunstmedien entsprechen, hat der Sammler reichlich Gelegenheit, eine kleine Welt griechischer Art und griechischen Lebens aus Terrakotta bei sich aufzustellen.

Alle in der Großplastik vorkommenden Stile begegnen uns hier in reduziertem Maßstabe, wenn auch in der Frühzeit die kleinplastischen Tonfiguren bescheiden bleiben. Es gibt zahllose, oft nur wenige Zentimeter große Köpfe von Figuren aus den verschiedenen Epochen, vor allem der hellenistischen. Geschickt gesockelt, machen die feiner gearbeiteten Exemplare eine schöne Sammlung aus.

Kleine Idole, Göttinnen darstellend, abstrakt im Stil und bemalt mit Wellenlinien, gibt es schon in der spät-helladischen (mykenischen) Periode (1400—1100 v. Chr.). Aus böotischen Werkstätten des 8.—6. Jahrhunderts v. Chr. stammen brettförmige handmodellierte Muttergöttin- oder Venusfiguren (Abb. 132, 133) mit abstrakter Bemalung. Manchmal wird die Gottheit sitzend dargestellt. Die Schöpfer der Terrakotten (Koroplasten) waren vielseitig. Sie fertigten von großen Kultstatuen kleine Repliken an. Andere Figuren waren Motive aus der zeitgenössischen Gesellschaft und Tierdarstellungen. Die Figuren wurden mit der Hand oder in Formen hergestellt. Viele dieser anspruchslosen Kleinarbeiten haben eine innere Würde, die sich schwer analysieren läßt. Sie wurden bis in die Spätzeit mit Sorgfalt ausgeführt.

Am berühmtesten und meist als »Genre« bezeichnet wurden die liebenswürdigen kleinen Statuetten, die während des 4.—3. Jahrhunderts v. Chr. in Tanagra (Böotien) angefertigt worden sind. Man entdeckte sie im Winter 1873. Meist sind es Kinder, Mädchen und Bürgerinnen in farbigen Gewändern (Abb. 134). Bauern haben seinerzeit die 7 bis 25 cm hohen Figuren zu Tausenden in den antiken Nekropolen des Ruinenstädtchens Tanagra ausgegraben. Heute sind gute Exemplare Seltenheiten und bringen auf Auktionen beträchtliche Preise. Die Figuren wurden in Formen hergestellt und sind hohl. Kopf und Arme wurden separat geformt. Man kombinierte die Teile einer Statuette geschickt in wechselnder Weise, so daß unter Hunderten kaum je zwei völlig gleiche sich finden. Die Tontechnik erreichte in den Tanagras einen Höhepunkt. Die Statuetten wurden gleich nach ihrer Entdeckung sehr beliebt, und das hatte zur Folge, daß man sie mit viel Sorgfalt fälschte; ebenso fälschte man die kleinasiatischen Terrakottagruppen. Man erkennt die Nachahmungen an der Gewandung der Figuren und an den erkünstelten, sentimentalen Posen, auch an den ungriechischen Kombinationen, die dem Geschmack des 19. Jahrhunderts entsprechen. Ganz allgemein wird der Sammler sein Augenmerk bei der Beurteilung von Terrakotten nicht nur auf die stilistischen

134 *Knabe auf Felsen sitzend. Terrakotta. Höhe 13,5 cm. Tanagra. British Museum, London.*

Merkmale richten. Um Echtes von Imitiertem oder frei Erfundenem zu unterscheiden, ist es wichtig, auf die Beschaffenheit des Tons, der Reste des weißen Überzugs, einer eventuellen farbigen Bemalung und die Konsistenz der Versinterung zu achten.

Zahlreiche späthellenistische Terrakottafigürchen und einzelne Köpfe stammen aus Kleinasien und anderen Gegenden. Auch in den ägyptischen Ateliers wurden in den ersten Jahrhunderten n. Chr. viele Figuren gebrannt, die in den Behausungen der weniger Bemittelten standen, oder als Weihegaben verwendet wurden. Neben Isis und Serapis schätzte man vor allem den kleinen Harpokrates, der in vielen Spielarten vorkommt. Es sind bescheidene, aber liebenswerte Arbeiten.

Die kleinen griechischen Tonplastiken haben einen besonderen Reiz. Sie rühren uns und heimeln uns an. Gerade Ton war ja geeignet, das unbefangene, intime Leben des individualistisch befreiten griechischen Bürgertums des 4. und 3. Jahrhunderts v. Chr. wie kein anderes Medium vor Augen zu bringen. Uns rührt die Tatsache, daß man in Tanagra die Figuren dem toten Angehörigen oder dem Freund in das Grab legte. Es war nicht nur eine formal-religiöse, sondern auch eine schöne menschliche Geste. Alles Leben, unser eigenes und das, was uns umgibt, kommt aus der Erde wie der Ton. Aus ihm machte man Symbole des Lebens und übergab sie, wenn die Zeit gekommen war, wieder der Erde. Wir heben sie aus der Erde und erkennen uns in ihnen. Diese Figürchen sind mehr als »Genre«. Sie sind Sinnbilder aus Erde, die, von Menschen geformt, den Göttern oder den Toten geweiht, wieder in den Schoß der Urmutter zurückgelegt werden.

Glyptik, Gemmen

Die Kunst des vertieft geschnittenen Steins, der Gemmen, war, wie wir früher gesehen haben, eine Erfindung des Vorderen Orients, wahrscheinlich schon in der Mitte des 5. Jahrtausends v. Chr., vielleicht noch früher. Die ersten Steine mit vertieftem Schnitt waren Amulettanhänger; das Siegeln damit kam beiläufig. Dann bekamen sie die Form von Stempeln, danach von Walzen oder Zylindern. Bei den Ägyptern hatten die geschnittenen Siegel später die Form von Skarabäen. Die Bewohner des Mittelmeergebiets übernahmen schon früh die Kunst des Steinschnitts. So entstanden bereits um 3000 v. Chr. im vorgriechischen Kreta die berühmten lebhaft-bewegten Bilder minoischer Gemmen. Die Ureinwohner des helladischen oder mykenischen Griechenlands haben gleichfalls schöne Gemmen hergestellt. Ein längerer Stillstand erfolgte, und es bedurfte erneuter Anregung von außen, um die Gemmenkunst wieder zu beleben: Sie gelangte schließlich zu hoher Blüte in den schöpferischen Epochen des frühen, klassischen und hellenistischen Griechenlands und überdauerte bis in die spätrömische Zeit. Die gleichfalls hochgeschätzten Kameen, Schmucksteine mit erhabenem, nicht vertieft gearbeitetem Bild, waren in Mode während der hellenistisch-römischen Epoche.

In der Antike stand das Ansehen der Gemmenschneider dem der Meister der Großplastik nicht nach; nicht selten übte ein und dieselbe Person beide Berufe aus; wennschon die westasiatischen Siegelschneider die Technik des Intaglioschnittes in vollendeter Weise beherrschten, so erhielten doch erst in griechischen Händen die kleinen Steine, gleich ob es sich um verhältnismäßig weiche Materialien, wie Steatit und Alabaster handelte, oder um Mitglieder der Quarzgruppe (Chalzedon, Achat, Karneol, Sard, Bergkristall und Amethyst), das elegante Aussehen und die Brillanz griechischer Formgebung. Zu den eben genannten Materialien kamen nach den Feldzügen Alexanders des Großen noch Granat, Türkis, Peridot, Aquamarin und zuweilen auch Saphir und Smaragd. Billigere Glaspasten dienten, besonders in römischer Zeit, als Ersatz für die kostspieligeren Halbedelsteine.

Gemmen, die ja zu den kleinsten Kunstwerken der Welt gehören, haben Liebhaber und Sammler von jeher fasziniert. Ursprünglich trug man Gemmen als Anhänger, um den Hals oder am Handgelenk, später jedoch fast immer als Ringstein. Polykrates, der Tyrann von Samos, trug, nach einer Novelle von Herodot und Schillers Ballade, einen in Gold gefaßten siegelartigen Smaragden, geschnitten von Theodoros. Plinius stellte fest, daß einige Gemmen »keinen Preis haben und jenseits menschlichen Schätzungsvermögens stehen, so daß vielen Menschen eine Gemme genügt, um darin die ganze Natur zu betrachten«. Die Wertschätzung der Gemmen und Kameen ging auch im dunklen Mittelalter nicht verloren. Mit den antiken Steinen dekorierte man viele kostbare Schreine, Gefäße, Bucheinbände und Schmuckgegenstände. Die Vorliebe für kleinste Wunderwerke ist uns bis heute verblieben.

Bei den Gemmen kommt zu der Kunst der Darstellung en miniature vor allem der illusionistische Lichteffekt der verschiedenen Steine. Bei geschickter fotografischer Reproduktion läßt sich etwas davon einfangen, wenn die Gemme direkt aufgenommen wird, nicht ihr Abguß. Bei geeigneter Beleuchtung erscheint das negativ geschnittene Bild positiv, in plastischer Körperhaftigkeit. Dagegen fallen Lichtbilder der noch im 18. und 19. Jahrhundert so beliebten Abdrücke und Abgüsse etwas ab, obwohl sie die Betrachtung erleichtern und Siegelbilder geben, die dem ursprünglichen Zweck der Gemmen entsprechen (Abb. 135).

Gemmen haben den Vorzug, daß sie kaum Platz einnehmen. Eine Sammlung von Gemmen der minoischen und frühgriechischen Epochen, die in einem kleinen Etui Platz hat, wäre in jedem Sinne bereits unschätzbar. Gemmen unterscheiden sich in der äußeren Form, in der Technik der Gravur; was die Darstellungen selbst anbetrifft, so finden sich kaum zwei gleiche. Schon auf den bewegten minoischen Gemmen gibt es Motive aus der Tier- und Pflanzenwelt, Kampf- und Jagdbilder, abstrakte Symbole, Figuren von Mischwesen, Menschen und Dämonen. Dazu kamen später zahlreiche andere Formen aus der Mythologie, dem täglichen Leben und Porträts.

In der Technik des Steinschnitts bestehen wichtige Unterschiede. Mit dem Stichel freihändig in weichen Steatit geschnittene Bilder sehen anders aus als die mit vollkommeneren Bohrgeräten in Quarz geschnittenen. Alles hing von der Inspiration und der Geschicklichkeit des Gemmenschneiders ab; es gibt hervorragende und weniger gute Arbeiten in allen Perioden. Bezüglich Form, Stil und Art der Gemmen in den verschiedenen Epochen mögen für den Sammler die folgenden kurzen Hinweise noch von Nutzen sein.

Mittelminoische und *spätminoische* Gemmen sind meist linsen- und mandelförmig. Bergkristall, Karneol, Jaspis und Achat waren in Gebrauch. Auf den im 7. Jahrhundert v. Chr. hauptsächlich in *Melos* angefertigten *»Inselsteinen«* finden sich mykenische Themen, aber auch der griechische Mythos beginnt eine Rolle zu spielen.

135   *Äsender Hirsch. Ringstein. Durchsichtiges farbloses Glas. 1,4 × 2,03 cm. Griechische Gemme. Spätes 5. Jh. v. Chr. Metropolitan Museum of Art, New York.*
   Wahrscheinlich ein antiker Abguß von einem Stein in Berlin (Furtwängler, Tafel 14, Nr. 13). Ein sehr beliebtes Motiv.

Die *griechischen* Gemmen lassen die gleichen Stilperioden unterscheiden wie die größeren Kunstobjekte. Die Gemmen, die der *geometrischen, früh-* und *hocharchaischen* Periode entsprechen, zeigen eine Fülle von Motiven. In der 2. Hälfte des 6. Jahrhunderts v. Chr. findet man den typisch »orientalisierenden« Dekor. Viele dieser Gemmen kommen von Zypern.

In *Etrurien* tragen die Griechen wesentlich zur Entwicklung des lokalen Stils der Skarabäus-Gemmen bei. Im Gegensatz zu den ägyptischen haben diese meist einen glatten, undekorierten Rücken. Im Griechenland des 5. Jahrhunderts, und auch anderwärts, war diese Form ebenfalls beliebt. Die glattrückigen Skarabäen werden als *Skarabäoide* bezeichnet. *Graeco-persische* Gemmen stellen eine wichtige klassische Gruppe dar. Sie sind meist aus blauem Chalzedon, ebenfalls skarabäoid in der Form und zeigen Jagd- und Kampfszenen sowie Darstellungen rennender Tiere. An den Höfen der achämenidischen Könige waren griechische Gemmenschneider beschäftigt. Auch hier unterscheidet man verschiedene Stile.

Im Griechenland des 5. und 4. Jahrhunderts vor Chr. wurden die Gemmen, die man in Ringe faßte, mit Motiven aus dem *klassischen* Formenschatz graviert. Daneben gab es Fingerringe, die ganz aus Metall bestanden. Es gab sie schon seit der archaischen Periode und mit zahlreichen Formunterschieden. Die Motive auf den Gemmen und auf den Ringen aus Gold, Silber, Bronze und gelegentlich Eisen ähnelten einander.

Ein beträchtlicher Teil der Gemmenproduktion kam aus *Ostgriechenland*. Dort bevorzugte man den bläulichen Chalzedon. Wieder finden wir Tiere, Kampfbilder und Motive aus der Mythologie, aber aus der Zeit des Phidias und der Parthenon-Skulpturen auch einige bemerkenswerte Porträts. Manche der schönsten Gemmen signierte *Dexamenos* aus Chios (ca. 440 v. Chr.); meist haben sie skarabäoide Form und stellen Wasservögel dar, aber es gibt auch einen Porträtkopf. Eine Gemme zeigt eine sitzende Dame, vor ihr ein Mädchen, das ihr einen Spiegel entgegenhält. Die Dame hieß Mika.

Der hier gezeigte Kopf des Pan (Abb. 136, 137) ist eine Seltenheit. Er war Teil einer im Vollrund gearbeiteten Figur aus Halbedelstein, einem wahrscheinlich frühen Zeitabschnitt angehörend.

Zur Zeit des *Hellenismus* zieht man den geschnittenen Stein dem gravierten Ganzmetallring vor. Noch immer sind es die Quarz-Arten, die den Hauptteil der Gemmen ausmachen, bläulicher Chalzedon, grünlicher Phrasem, Karneol, Amethyst, Sardonyx und Achat; daneben war Granat beliebt, vor allem in der Varietät Almandin. Da der

136 Kopf des Pan aus
bläulichem Chalzedon.
Höhe 20 mm. Hellenistisch.
Trotz der Kleinheit, der
Beschädigung und vor allem des
mangelnden Bartes drängt sich ein
Vergleich mit dem großen Kopf
des Pan (um 400 v. Chr.) im
Britischen Museum, London, auf.
Lichtbild P. Cohn.

137 Seitenansicht des Pankopfes
Abb. 136, Lichtbild P. Cohn.

Bedarf für Gemmen allgemein und groß war, suchte man für die teuren gravierten Halbedelsteine billigeren Ersatz. Dazu eignete sich das Glas; meist war dies tiefblau gefärbt, und die Gemme hatte die Form des Skarabäoides; wie beliebt diese waren, sieht man daran, daß man sie an vielen Stellen gefunden hat, in Ägypten, im Nahen Osten, in Griechenland und in Südrußland. Auch hier gibt es Unterschiede in der Herstellungstechnik. Einige wurden mit der Hand graviert, andere von bereits existierenden Intaglios abgenommen und nachgearbeitet.

Bevor wir kurz den Gemmenschnitt während der römischen Jahrhunderte vorwegnehmen und in diesem Zusammenhang beschreiben, mögen noch zwei spezielle Kategorien von Gemmen erwähnt werden, von denen die eine dem Sammler verhältnismäßig selten, die andere dagegen häufig begegnet. Beide aber gehören der Endphase antiker Steinschneidekunst an. Sehr geschätzt, interessant und seltener sind die sog. *gnostischen* Gemmen, auch als gnostische Amulette oder magische Gemmen bezeichnet. Die meisten dieser Steine stammen aus Ägypten, vor allem Alexandria, und aus Syrien; als Material waren grüner und roter Jaspis und Hämatit bevorzugt; sie gehören dem 1.—4. Jahrhundert n. Chr. an. Die Gnosis war eine Religionsform, in der sich ägyptische, griechische, jüdische und christliche Elemente mischen (»Synkretismus«); die auf den Gemmen befindlichen Symbole repräsentieren außerdem kosmologische Vorstellungen aus verschiedenen Kulturbereichen. Die gnostischen Gemmen, die häufig die Inschrift Jao (= Jahweh) und Abraxas oder Abrasax tragen, hatten Schutz- und Abwehrcharakter, hierin den meisten ägyptischen Amuletten ähnelnd.

Sehr sammelnswert und dabei gar nicht selten im Handel sind die Siegelsteine der *sassanidischen* Epoche. Diese iranischen Gemmensteine gehören dem 3.—6. Jahrhundert n. Chr. an. Meist sind sie halbkugelförmig und seitlich durchbohrt; sie stellen eine Rückkehr zu der Form des alten mesopotamischen Stempelsiegels dar. Man hat große Mengen dieser Siegel gefunden; die meisten bestehen aus farbigen Quarz-Arten, Hämatit, gelegentlich auch Metall. Neben viel Mittelmäßigem gibt es fein gravierte Siegel. Das Interesse liegt in der Vielheit der auf ihnen angebrachten Figuren und Symbole, Porträts von Königen und Würdenträgern und den Beischriften. Oft ermöglichen diese die Datierung. Tiere auf den Siegeln stellen Gottheiten dar, ein Feueraltar weist auf Ahura Mazda. Eine Hand, die eine Lotusblume hält, ist Symbol der Anahita, und verschiedene Vogelarten (Tiere der Anahita) zieren andere Siegel. Gewisse Symbole beziehen sich auf Mithra oder haben mit astrologischen Vorstellungen zu tun.

Die Eroberung Ägyptens und des Nahen Ostens durch Alexander

den Großen bedeutete zwar zuerst eine außerordentliche Ausweitung des Hellenismus. Griechischer Geschmack und griechische Kunstformen fanden überall Eingang. Rom aber, das sich zu Beginn des 1. Jahrhunderts v. Chr. mehr oder weniger in den Besitz der Erbschaft Alexanders zu setzen vermocht hatte und zum Hauptkunden griechischen Geistes und griechischer Kunsterzeugnisse werden sollte, sorgte dafür, daß sich in steigendem Maße griechische Werkstätten auf römischen Geschmack und Bedarf umstellten. So ist es auch in der Kunst der Gemmen oft nicht möglich, sicher zu unterscheiden, was noch hellenistisch und was schon römisch ist und nur die griechisch-archaischen oder klassischen Formen nachfühlt oder nachahmt. Die Zuschreibung einiger Stücke ist leicht: Zur Zeit Alexanders zeichnen berühmte griechische Gemmenschneider ihre Werke. Die Technik des Kameoschnitts erreichte übrigens zur Zeit der Ptolemäer einen ersten Höhepunkt.

Die Römer waren passionierte Sammler, auch der griechischen Gemmen und Kameen. In frührömischer Zeit war es üblich, daß ein begabter römischer Gemmenschneider einen griechischen Namen annahm und damit seine Arbeiten signierte, um sie absatzfähig zu machen. Da die Motive ebenfalls vorwiegend griechisch waren, wird das Datieren oft schwierig. Julius Caesar bezahlte hohe Preise für alte griechische Gemmen. Augustus ließ sich von dem berühmten griechischen Gemmenschneider *Dioskourides* persönliche Siegel, Gemmen und Kameen anfertigen. Eine Amethystgemme (ca. 25 v. Chr.) mit dem Porträt des Demosthenes trägt die Signatur des Dioskourides und ist durch und durch griechisch im Stil.

Bei den Gemmen der Kaiserzeit spielt neben klassizistischen Motiven die Hauptrolle das Porträt. Bei besonderen Anlässen wurden für das Kaiserhaus Prunkstücke von bedeutenden Meistern gefertigt *(Gemma Augustea* in Wien, »Pariser Cameo« im Cab. des Méd. in Paris). Daneben gab es große Mengen von Steinen, die sehr oberflächlich und flüchtig gearbeitet waren. Sie beweisen einerseits den Niedergang in der Kunst des Steinschnitts, andererseits die Notwendigkeit, wohlfeil liefern zu müssen. Es gab Massen von Gemmen aus farbigen Glaspasten in billiger Ringfassung für den minderbemittelten Bürger.

Viele feinste Gemmen, die sich bis heute erhalten haben, sind nicht in unseren Tagen aus dem Boden geholt worden. Sie wurden von Hand zu Hand gereicht, über die Jahrhunderte hinweg, ein Beweis dafür, wie sehr man die winzigen Bildwerke geschätzt und gehütet hat.

Griechische Münzkunst

Ein recht beglückender Augenblick — Weltbegegnung und Sammlerlust in einem — ist der, wenn sich das kleine Kabinett öffnet, in dem sich die alten griechischen Münzen befinden. Ich war noch ein Schüler, als ich zum erstenmal in das Schaufenster einer bedeutenden Münzhandlung blickte (das Geschäft und der Name seines Besitzers gehören längst der Vergangenheit an). Dort lagen regelmäßig kleine Gruppen griechischer Silbermünzen, in feinster Erhaltung ausgebreitet, mit Bezeichnungen versehen. Die Münzen stammten alle aus Horten und waren prägefrisch. Die griechische Welt war für mich noch neu und offen, und hier kam sie mir plötzlich entgegen in berückend schöner Weise. Da lagen die Schildkröten von Ägina, Münzen von Theben mit dem Schild und von Korinth mit dem Pegasus. Der Name des Götterkönigs Zeus und der des Welteroberers Alexander waren mir vertraut; hier sah ich ihre Bilder zum erstenmal lebendig auf makedonischen Tetradrachmen. Mich faszinierten die streng archaischen Münzbilder und daneben die klassischen und die hellenistischen Herrscherköpfe. In der Tat, kein anderer Zweig des Kunsthandwerks und kein anderes Medium ermöglicht es uns, noch heute den hohen Stand griechischer Kleinkunst so bequem im Zusammenhang kennenzulernen. Hier hat sich das meiste erhalten, und Münzen sind keine Ware, die man der Zahlungsfähigkeit des Kunden anpaßt. Sie erscheinen nicht gleichzeitig in teurer und billiger Aufmachung. Ein Athener Vierdrachmenstück, den Stadtstaat international repräsentierend, mußte den ästhetischen Standard wahren; eine Verfälschung hätte der Reputation des Staates und seiner Verwaltung geschadet. Natürlich gab es Unterschiede in der Geschicklichkeit bzw. Sorgfalt der Männer, die die sich schnell abnutzenden Stempel immer wieder anfertigen mußten. Der Münzkörper unterlag gewissen Zufälligkeiten beim Schlagen und durch den Gebrauch. Und die endgültige Beschädigung erfolgte häufig, wenn sich im Laufe der Jahrhunderte die korrodierenden Einflüsse bei der Lagerung im Boden auswirkten. Aber wir sprechen hier von Exemplaren, die das Glück gehabt haben, ihre jugendliche Frische einigermaßen zu bewahren.

Etwa seit Beginn des 6. Jahrhunderts v. Chr. läßt sich die Entwicklung des griechischen Kunststils auf den Münzen verfolgen. Die Stile zeigen die bekannte historische Sequenz: die frühen Münzen (6. bis frühes 5. Jahrhundert v. Chr.) vertreten die Kunst der *archaischen* Epoche. Von ca. 480 bis zum Ende der Vorherrschaft Athens um 400 v.

 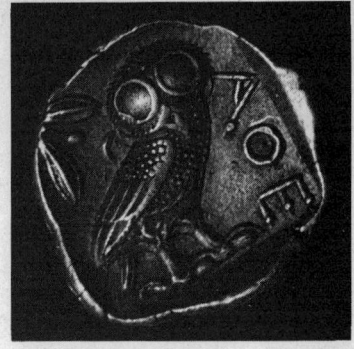

Münzen der Griechen:

138 Athen. *Tetradrachme. Silber. 5. Jh. v. Chr. Das Gesicht der Athena erscheint im Profil, das Auge noch frontal. Dies war eine Konvention, die beibehalten wurde, als der archaische Stil bereits der Vergangenheit angehörte. Auf mesopotamischen Rollsiegeln wird die menschliche Figur ähnlich widersprüchlich dargestellt, das Gesicht im Profil, Schulter und Thorax aber frontal.*
In unserer Zeit haben die Kubisten die Methode intellektualisiert. Sie entschieden, daß es dem Künstler erlaubt sein müsse, von einem Objekt gerade soviel Ansichten zu kombinieren, wie dies vom ästhetischen Standpunkt wünschenswert erscheine. Begründung: Dem Künstler sei der Gegenstand ja von vornherein in seiner Gesamtheit bekannt.

139 *Rückseite der Münze Abb. 138 mit der Eule von Athen.*

Chr. (Abb. 138, 139) spricht man vom *klassischen* Stil, bei dem sich die Formen zunehmend verfeinern. Zwischen 400 und 336 v. Chr., Zeit der Vorherrschaft von Sparta und Theben, erreicht die Kunst der Münze ihren Höhepunkt, und in der Zeit von ca. 336 bis 280 v. Chr. wird das hohe Niveau — es ist die Zeit Alexanders und der Diadochen — noch gehalten (Abb. 140, 141). Die nächsten drei Jahrhunderte sehen den allmählichen Niedergang der Kunst des Münzschnitts.

Wäre uns vom Gesamtwerk griechischer Kunst nichts anderes überliefert als die Münzen, sie genügten, um uns ein Bild vom griechischen Geist und von griechischer Kunstfertigkeit zu geben. Die Arbeit bei der Herstellung einer Münze war äußerst mühselig. Wie der Steinschneider, der mit einfachsten Werkzeugen seine winzigen Muster in harten Stein zu graben und dabei die Lebendigkeit der Gesamtdarstellung zu erhalten verstand, so schnitt auch der monetäre Stempelschneider spiegelverkehrt in gehärtetes Eisen oder Bronze. Und so wie jede Gemme

140 Ptolemaios I. *Satrapie Ägypten. Tetradrachme. Münzstelle Alexandria. Hellenistisch. Ca. 310—305 v. Chr. Porträt des Alexander im Elefantenskalp.*

141 *Rückseite der Tetradrachme Abb. 140. Archaistische Figur der Athena Alkidemos. Ihr Kultbild stand am makedonischen Königshof zu Pella, dem Stammsitz der Dynastie Alexanders. Bei diesem Stempel, einem Meisterwerk hellenistischer Kleinkunst, schreitet die Göttin in eleganter Pose. Das Gewand erscheint hauchdünn über dem fein modellierten Körper.*

ein nicht zu wiederholendes Original darstellt, so bewirkten auch die zahlreichen Zufälligkeiten beim eigentlichen Prägen der Münze, daß nur selten ein Exemplar dem anderen glich. Ein griechisches Geldstück läßt einen vergessen, daß man ein Zahlungsmittel in der Hand hält, das im Grunde sehr profanen Zwecken diente. Für den Griechen lohnte es sich nicht, Götter, Heroen, Menschen und Tiere unvollkommen darzustellen. Er fühlte sich als Instrument der Schöpfung und versuchte auf den kleinen Metallscheiben sein Bestes zu tun.

Griechischer Schmuck

Wenn man bedenkt, welch zentrale Rolle der nackte Körper des Menschen in der griechischen Kultur und Kunst spielte, so könnte man vermuten, daß der Schmuck, im Gegensatz zu anderen Völkern, von untergeordneter Bedeutung gewesen wäre. Dem ist jedoch nicht so. Die

Griechen liebten leichte, fließende Gewänder, die den Körper lose umfingen. Auch die Formen des Schmuckes, der im 5. und 4. Jahrhundert v. Chr. wie die anderen Künste seine größte Verfeinerung erreichte, waren diskret: Der Schmuck schmeichelte dem Körper, er belastete ihn nicht.

Ionische Goldschmiedekunst, von Attika ausgehend, verbreitete sich über Großgriechenland. Die zierliche Ornamentik geht über vom Geometrischen zu Motiven aus dem Pflanzenreich und bevorzugt das Filigran und die Granulierung. Edelsteine, bunte Glasflüsse und Gemmen treten ganz zurück und werden erst verhältnismäßig spät bei Fingerringen, die zum Siegeln geeignet waren, populär. Der Ohrring kommt in zahlreichen Formen vor. Er entwickelt sich seit dem 6. Jahrhundert v. Chr. aus der Scheibenform, von welcher späterhin eine umgekehrte Pyramide hängt. Bis zum 3. Jahrhundert v. Chr. wurden als Ohrringe Spiralen von einiger Stärke getragen; entweder direkt im Ohr, oder aufgehängt an einem Ring oder Scheibchen. Die Enden waren zuweilen mit Tier- oder Menschenfiguren dekoriert. Andere verbreitete Typen waren halbmond- oder reifenförmig und trugen mannigfache Verzierungen. Im 5. Jahrhundert v. Chr. begann man, leicht schwebende menschliche Figuren am Ohr zu tragen, unter anderem Sirenen, Niken, Eroten und Tänzerinnen, auch mancherlei Vögel und den Pegasus. Sie stellten allerkleinste Skulpturen dar; die besten unter ihnen sind einmalige Spitzenstücke der Goldschmiedekunst.

Weitere Schmuckformen waren Armreifen, Fingerringe, Diademe, Fibeln und Halsschmuck, der aus zarten Gliedern und zierlichen Elementen bestand und gar nicht prunkhaft wirkte. Auf dem griechischen Festland war man im großen und ganzen im Tragen von Schmuck, verglichen mit den Kolonien, zurückhaltend. Auch die Griechen waren, wie alle Völker, von der Schönheit und Poesie des Goldes ergriffen. Das Metall erweckte in ihnen mythische Assoziationen. Sie erkannten seine künstlerischen Möglichkeiten. Aber von seiner Substanz beherrscht waren sie nicht!

Rom

Rom und die Kunst

Im Rahmen des dem Verfasser zur Verfügung stehenden Raums konnten nicht alle Triebe am Baum der antiken Kultur erfaßt werden. Die peripheren Stile Mittel- und Nordeuropas wurden beispielsweise nicht behandelt. Römische Kleinkunst ist für den Sammler von unmittelbarem Interesse. Als treibende Kraft der ausgehenden Antike, gewissermaßen als Knotenpunkt am Kulturwege der Menschheit, haben römische Lebensweise und römische Kleinkunst weit über die Grenzen des Reiches hinaus gewirkt; überall waren ihre realistischen Formen verbreitet. Als Sammelobjekte stehen sie dem Sammler am ehesten zur Verfügung. Der römische Stil ist der letzte große allumfassend-klassische, bevor die Jahrhunderte ihren Anfang nehmen, in denen der Mensch sein dualistisches Lebensgefühl sehr deutlich auf zweierlei entgegengesetzte Weisen zum Ausdruck bringt: einmal, Formen schaffend, bei denen die Realitäten des Diesseits, d. h. die Eitelkeiten der Welt, in den Hintergrund treten, wie in der byzantinischen Kunst; ein andermal, indem er auf einer zur Moderne führenden emotionell-intellektuellen Plattform die innige Zwiesprache mit der Natur sucht. In der ständigen Bemühung des Lebens, das transzendente Sein wieder zu gewinnen, nimmt der Mensch Zuflucht zum Naturerlebnis, das ihm psycho-physisch das, was er bewußt nicht haben kann, ersetzt. Statt des Ideals schafft er das Idyll, das die Trennung überbrückt. Er stellt es künstlerisch dar. Im Zeitalter der Vereinsamung und des Sentiments tröstet ihn die kleine ästhetische Welt, die Heimat, die er sich selbst zu geben vermag.

Die Kunst dient nicht gern zwei Herren. Sie muß der Magie dienen, dem Anspruch auf Unsterblichkeit, Gott-Könige repräsentieren, Idealen und zu guter Letzt Ideologien auf die Beine verhelfen. Gleichzeitig soll sie in poetischer Weise unterhaltsam sein, selbst dann, wenn es ihre Auftraggeber nur nach prosaischer Ausübung irdischer Macht gelüstet.

Solches war der Fall in Rom. Es gab viele kunstverständige Römer. Aber wenn der Kaiser erobertes griechisches Kunstgut im Triumph herzeigte, so wollte er damit nicht sagen, daß der griechische Geist dem römischen unterlegen sei. Dazu war er zu klug. Er erwartete auch nicht, daß die jubelnden Massen die Dinge bewundern sollten, die da gezeigt wurden. Ihm kam es darauf an, Siege zu zelebrieren. Siege einer Exekutive, die praktisch organisieren konnte, in weltlichen Affären gewandt war und in aufgeklärter Weise, aber energisch zu regieren verstand. Eine gut funktionierende Organisation überzeugt Verunsicherte und Unselbständige.

Die römische Kunst verrät ihren Urheber. Römische Art war nicht die der Griechen. Die römische Kunst, die formal der griechischen ähnelte, war von Grund auf anders, weil sie anders motiviert war. Sie war weniger ursprünglich, dafür gewichtiger. Dem Griechen ging es in der Hauptsache um die geistige und moralische Existenz. Das Wohl des individuellen Bürgers, der Gesellschaft und des Staates beruhte auf der freiwilligen Einhaltung idealer Maximen. In der Kunst erblickte er die Möglichkeit, unverstelltes Menschentum bildhaft darzustellen.

Dem offiziellen Rom war Kunst Mittel zum Zweck. Wo kein allgemeiner Bedarf für das Hervorragende vorhanden ist, läßt die künstlerische Inspiration bald nach, genauer, sie kommt gar nicht erst auf. Für wichtig erscheinende Aufträge beschäftigte das römische Gemeinwesen griechische Künstler, die den erforderlichen idealen Standard besaßen. Abgesehen aber von aller Politik läßt sich ›Schönheit um ihrer selbst willen‹ nicht aus der Welt schaffen. Das Verlangen nach hübschen Formen für den Gebrauch oder zur Erbauung ist immer vorhanden und fand Erfüllung, denn der römische Kunsthandwerker war bereit, sie zu liefern, und rettete für seine Zeitgenossen und für uns die römische Kunst. Seine Mühen haben uns viele Objekte hinterlassen, geschickt geformt und aus solidem Material, die uns die römische Welt und das römische Leben vor Augen führen und unsere Museen und Sammlervitrinen zieren.

Die Römer hatten eine hohe Meinung von ihrem geschichtlichen Auftrag. Ihre bedeutende Bildnis- und Reliefkunst erweist dies. Ihr Talent für Organisation rückt das Ziel, die Welt römischem Wesen und römischem Gesetz zu unterstellen, in reale Nähe. Und Realisten haben nicht Zeit für feinste Differenzierung. Auch nicht, wenn es sich um Götter handelt. Bei den besten Kunstwerken Ägyptens und Griechenlands hat man den Eindruck, Erstlinge zu erblicken. Griechische Götter und Menschen sagen, wer sie sind; sie haben ihre Botschaft nicht abgelesen. Der gebildete Römer bewunderte griechischen Geist und griechische Kultur. Er wollte sein Haus mit griechischen Götter- und Menschenbildern ausgestattet sehen. Man nahm sie den Griechen fort oder ließ griechische Künstler Statuen anfertigen. Sie nahmen sich gut aus in der römischen Öffentlichkeit und in privaten Museen.

Für das häusliche Heiligtum, das *Lararium,* genügten weniger subtile Figuren. Dort standen die Kleinbronzen — jeder Sammler römischer Kleinkunst ist mit ihnen vertraut — die von römischen Tugenden inspiriert waren und dem Bürger, dessen Weg vorgezeichnet war, das beruhigende Gefühl gaben, daß die Götter Personen wie sie selber waren. Sie würden es nicht an Verständnis fehlen lassen für die Art und Weise, wie man plante und baute, eroberte, kolonisierte und verwaltete.

Rom war erfolgreicher als Athen. Es verstand, dogmatisch zu formulieren, die Freiheit ein wenig zu disziplinieren und Ungleiches zu uniformieren unter dem Banner klassischer Kultur. Aber ohne Roms zähes Festhalten an griechischer Tradition, ohne seine Mittlerrolle, ohne die zahlreichen Kopien, die es von den plastischen Werken berühmter griechischer Künstler anfertigen ließ, wüßten wir herzlich wenig, wie die Originale ausgesehen haben mögen. Jeder Sammler römischer Kleinkunst weiß aber auch, daß nicht allein das Griechentum römische Formen wesentlich beeinflußte. Anfangs war das, was sich römische Kunst nennt, nur ein Teil der allgemeinen italisch-etruskischen Tradition.

Die römische Kunst ist nämlich zu Beginn noch gar nicht römisch, sie ist etruskisch. Die *Etrusker,* Nachbarn der Römer, hatten eine bedeutende Kunst entwickelt, die zwar nicht den Idealismus griechischer Kunstformen hatte, aber stark vom Griechentum beeinflußt war. Etruskische Kunst besteht ungefähr gleichzeitig mit der der Griechen. Um 290 v. Chr. gelang es Rom, die Etrusker zu politischer Bedeutungslosigkeit zu verdammen. Dennoch blieb der Einfluß der Etrusker auf Rom stark. Erst im 1. Jahrhundert v. Chr. mündete die vielseitig etruskische Kleinkunst in die römische Kunstgeschichte ein.

Etruskische Bronzestatuetten, Keramik und Schmuck sind sehr beliebte Sammelobjekte. Die Etrusker waren ein lebensfreudiges, vielleicht aus Kleinasien eingewandertes Volk. Die frühe etruskische Kleinkunst »orientalisierte« ähnlich der griechischen. Zum östlichen Einfluß trat danach mehr und mehr der hellenistische. Am bekanntesten sind die Etrusker durch ihren Totenkult und die damit verbundene realistische Porträtkunst.

Daß dies vitale, kunstliebende Volk seine Toten in Grabkammern bestattete, deren Wände mit lebensfrohen Szenen aus dem täglichen Leben bemalt waren, als handele es sich um Räume, in denen man lebte, macht sie den Ägyptern geistesverwandt, bei denen ebenfalls Lebenslust mit Sorge um das Jenseits verbunden war. Auch bei den Etruskern bedurfte der Tote zu seiner Existenz der lebensähnlichen Darstellung; bei ihnen genügte nach dem Prinzip des »pars pro toto« der Kopf oder die Büste. Da gibt es bronzene Urnenmasken und

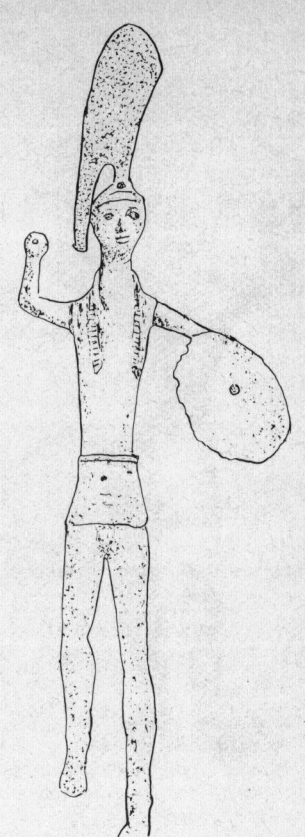

142 *Stehender Krieger. Bronze. 6. bis
5. Jh. v. Chr. Etruskisch. Mus. di Villa
Guilia, Rom.*

Kanopen und von der griechischen Kunst beeinflußte plastische Darstellungen der Hingeschiedenen auf Urnendeckeln und Sarkophagen.
Der Realismus dieser Porträts ist denen der hellenistischen der letzten
vorchristlichen Jahrhunderte verwandt. Die Porträtdenkmäler der
Römer, die dem Ahnenkult dienten, erreichten schließlich das Ulti-
mum an naturgetreuer Wiedergabe. Etruskische Bronzen wurden von
den Römern sehr geschätzt. Eine gewisse Gruppe von Votivfiguren des
6. Jahrhunderts v. Chr. zeigt unnatürlich verlängerte Körperformen.
Die Übertreibung und Disproportionalität ist in der hier abgebildeten

173

Figur (Abb. 142) nicht so ausgesprochen, wie in manchen anderen, die
wohl einer Vorliebe der Etrusker für das Exuberante und Kapriziöse
ihre Entstehung verdanken. Die überlängerten Figuren haben bei modernen Sammlern und Künstlern viel Gefallen und auch Nachahmung
gefunden. Die Tendenz zu solcher Abstraktion ist in frühen und in primitiven Kunststilen des öfteren zu finden, beispielsweise bei syrischen
Bronzestatuetten um 1000 v. Chr. und in der geometrischen Kunst
Griechenlands.

Arbeit in hartem Stein war bei den Etruskern unbeliebt. Man
modellierte in weichem Material, vor allem Ton, der gern das Flüchtige
festhält. Die Bronzen wurden nach Modellen in Wachs oder Ton ge-

143 *Links außen: Mädchen.*
Wahrscheinlich Henkel einer
patera (Kochtopf). Etruskisch.
3. Jh. v. Chr. Faliscanisch.
Bronze. Höhe 15,5 cm.
H. L. Pierce Fund. 98.679,
Courtesy Museum of Fine Arts,
Boston.

144 *Links: Seitenansicht der*
Mädchenstatuette Abb. 143.

145 *Rechts: Rückansicht der*
Mädchenstatuette Abb. 143.

formt. Sie konnten so vollendet sein wie das faliscanische Mädchen von einem Henkel (Abb. 143, 144, 145), das sich in Boston befindet. Der etruskische Goldschmuck ist ausgezeichnet durch die Applikation kleiner Kügelchen auf eine glatte Oberfläche, von hervorragender Qualität. Die Gräzisierung der Kunstformen war bei den Etruskern (Abb. 146, 147) ein natürlich sich ergebender Prozeß, den die Römer bewußter weiterführten. Die meisten griechischen Vasen, die unsere Museen zieren, stammen aus Nekropolen in Etrurien; sie waren aus Griechenland eingeführt worden und wurden auch kopiert. Griechische Kunsthandwerker waren bereits in etruskischen Städten tätig.

Mit der Unterwerfung Griechenlands und seiner Kolonien begann

146 *Henkel einer Kleeblattkanne. Bronze, gegossen. Höhe 12,8 cm, Breite 10,4 cm. Etruskisch. Ca. 500 v. Chr.*

An der oberen Ansatzplatte Löwenkopf; die davon ausgehenden Arme enden in Schafs- oder Affenköpfen. Am unteren Henkelansatz Palmette mit sich emporringelnden Schlangen, wodurch der Eindruck einer Maske entsteht. Auf dem Henkelrücken drei durch parallele Linien getrennte Felder, die sich gegen die Löwenmähne absetzen.

147 *Der gleiche Bronze-*
henkel wie Abb. 146.
Ansicht der Palmette
mit den Schlangen.

die gewaltsame Überführung großer Mengen griechischen Kunstguts und griechischer Kunsthandwerker nach Rom. Der Verlust seiner Freiheit gab Griechenland die Chance, kulturell den Eroberer zu erobern. Dem Ansturm von Geist und Schönheit konnte der Römer nicht widerstehen. Die römischen Siedlungen auf den Hügeln am Tiber hatten schon eine lange Geschichte hinter sich, als dies geschah. Noch 509 v. Chr., als der Jupiter-Tempel auf dem Kapitol gebaut wurde und für geraume Zeit danach konnte man nicht eigentlich von römischer Kunst reden, da römisches Kunsthandwerk sich kaum vom italischen und etruskischen unterschied. Im 2. Jahrhundert v. Chr. wetteiferte Rom bereits mit hellenistischen Städten. Aber erst Augustus rühmte sich, eine Stadt, »die aus Lehmziegeln bestand, in eine aus Marmor verwandelt zu haben«. Zum wachsenden Wohlstand gehörte eine entsprechende Ausstattung. Man brauchte Kunstwerke, viele und gute. Was lag näher, als sie von den Orten zu holen, wo sie vorhanden waren. Schiffsladungen wurden nach Rom überführt. Die Metropole der Welt schmückte sich mit fremden Steinen und ließ die Städte und Tempel Großgriechenlands verarmt zurück.

Die Musen lassen sich jedoch weder mit Gewalt rauben, noch gedeihen sie im Exil. Einsichtige Römer wußten, daß griechische und römische Lebensart unvereinbar waren, und sie versuchten, die neue Schwärmerei in Grenzen zu halten. Im Jahre 212 v. Chr. fiel Syrakus, und der erste große Massentransport hellenistischen Kunstguts nach Rom fand statt. *Cato* der Ältere schätzte seine Landsleute richtig ein, als er ihnen sagte, daß solche verfeinerte Kunst nicht zu ihnen passe. Der römische General *Mummius*, welcher die Überführung griechischer Kunstwerke nach dem Fall von Korinth 146 v. Chr. überwachte, rief seinen Soldaten zu, sie sollten mit den Werken sorgfältig umgehen. Er würde sie für jeden von ihnen verursachten Schaden verantwortlich machen; wer eine Statue zerbräche, würde eine neue anzufertigen haben, und sie müsse mindestens so gut ausfallen, wie die ruinierte.

Das importierte Kunstgut reichte nicht aus. So schritt man dazu, Kopien anfertigen zu lassen, von denen noch zahllose existieren. Zuerst durch griechische Kunsthandwerker, die in Rom arbeiteten. Man erkennt ihre Hand an den Kopien, die den Originalen oft sehr nahekommen. Im 1. Jahrhundert v. Chr. gründete Pasiteles in Rom eine Schule, welche frühe griechische Werke, nicht immer stilgetreu, kopierte. Wir kennen die Künstler dieser Schule, denn sie signierten ihre Arbeiten mit griechischen Namen. So schuf man Werke im alten Stil bis in die spätere Kaiserzeit, nicht nur in Rom, sondern auch in den Provinzen.

Römische Kunst setzte sich, genaugenommen, also zusammen aus etruskischen und griechischen Elementen und dem, was die Römer selbst hinzufügten, besonders in der Relief- und Bildkunst. Es gibt römische Kunst in Italien, den östlichen Bezirken des Reiches, Nordafrika, den Donauländern, Spanien, Frankreich, Deutschland, Britannien, den städtischen Siedlungen in der Nähe des Limes und in anderen, weit entlegenen Gegenden. Das Wunder der klassischen antiken Kunst begann in Griechenland, es verebbte langsam in Rom, und im Rom der Spätzeit erkennen wir Griechenland nicht mehr. Im Anfang noch stark von der graziösen Art des Hellenismus gefangen, neigt Rom späterhin zur Maßlosigkeit und Vergröberung. Römische Kunst gelangte schließlich in eine Art Niemandsland: Noch ehe der byzantinische Stil klar hervortrat, schauen uns mit den Porträts der Spätzeit römische Gesichter in einer neuen ungewohnten Weise an. Genauer gesagt, sie schauen über uns hinweg, ins Leere starrend, wie in eine übersinnliche Welt. Sie haben einen Gott gefunden, der nicht von dieser Welt ist, und haben ihm einen Namen gegeben. Auch die Griechen ehrten das Göttliche, aber sie legten sich nicht fest. Nur die Athener wagten es, im Grunde genommen sehr realistisch, einen Altar zu errichten mit der Inschrift »Dem Unbekannten Gott«.

Römisches Kunstgewerbe.
Plan einer Sammlung

Ein Überblick über das römische Kunsthandwerk würde ein Buch erfordern, so umfangreich sind die Arten der Gegenstände, ihre Verwendungszwecke und Formen. Es gibt viele sammelnswerte kleine Bronzeobjekte, Terrakottafiguren, Gefäße aus Ton, Glas und Metall, Waffen, Schlüssel, Toilettengeräte, Fibeln und Schnallen, auch zahllose Lampen und Kandelaber. Gemmen und Schmuck kommen reichlicher auf den Markt als das seltene griechische Material. Das Sammeln römischer Münzen ist ein Gebiet für sich mit vielen Aspekten. Solch umfangreiches Fundmaterial bietet dem Sammler Möglichkeiten zu vielfältiger Spezialisierung. Es wäre beispielsweise durchaus praktikabel, mit Bronzestatuetten einen Anfang zu machen, wie sie sich in den Hausheiligtümern, den Lararien der römischen Häuser, befanden. Neben den Objekten des Kaiserkults waren die Gottheiten

148 Venus
»Anadyomene«. Bronze,
grünlich-rot patiniert.
Höhe 5,5 cm. Nach einem
griechischen Vorbild des
4. Jh. v. Chr. Venus in
dieser Haltung war sehr
beliebt und kommt auch
in kauernder Stellung vor.
Häufig als Amulett
in den verschiedensten
Materialien, vor allem
Fayence.

der Lararien die gebräuchlichsten und verbreitetsten Kunstformen. Durch sie wurden die verschiedenen nicht-römischen Bevölkerungsgruppen in den kolonisierten Ländern mit der kultischen Seite des römischen Lebens vertraut. Religiöse Analogien führten in vielen Fällen dazu, daß die einheimischen provinziellen Gottheiten bald Züge der römischen annahmen. Der auf diese Weise geschaffene erste spirituelle Kontakt machte die Bevölkerung auch für andere Seiten der römischen Zivilisation empfänglich.

Die Gottheiten, die der Römer im Lararium aufstellte, waren im wesentlichen: die kapitolinischen Gottheiten Jupiter, Juno und Minerva, ferner Merkur, Venus, Mars und Apollo; außerdem Halbgötter und Genien. Dazu kamen die Gottheiten und Heroen, die vornehmlich von den Soldaten verehrt wurden; neben dem schon erwähnten Mars gelegentlich orientalische Gottheiten, Herkules, Viktoria sowie Gladiatoren und Athleten. Aus den orientalischen Provinzen stammende Angehörige der Armee pflegten gern mit sich zu führen etwa Kybele oder Jupiter Dolichenus mit der Axt, oder sie kauften sie von Händlern, die sie aus den Randgebieten des östlichen Mittelmeers einführten. Statuetten römischer Gottheiten kommen überall vor, wo sich römische Behausungen befanden oder Truppen kampierten. Es ist verständlich, daß die von Soldaten verehrten Typen sich in größerer Zahl in der Nähe des Limes vorfinden. Wenn in unserer Sammlung zu diesen Gottheiten noch einige menschliche Darstellungen, kleine Tierbronzen und Objekte der dekorativen Plastik hinzutreten, so kommen wir zu folgender Aufstellung:

(1) Götter und Göttinnen
(2) Halbgötter und Genien
(3) Orientalische Gottheiten
(4) Menschliche Darstellungen
(5) Tiere
(6) Dekorative Plastik

Dabei sind die Objekte der einzelnen Kategorien zahlenmäßig nicht im gleichen Maße vertreten. (1) und (6) kommen am häufigsten vor, (3) am seltensten.

Die Statuetten variieren enorm in bezug auf Herstellungstechnik, Größe, Stil, Qualität und Erhaltung. Produkte italischer Werkstätten fanden ihren Weg in verschiedenste Richtungen weit über die Grenzen des Kaiserreichs hinaus. Vieles kam von Alexandria, dem Ursprungsort einer Anzahl »ägyptisierender« Formen. Die kleine Venus »Anadyomene« (Abb. 148), dunkelgrün und rötlich patiniert, war ein ver-

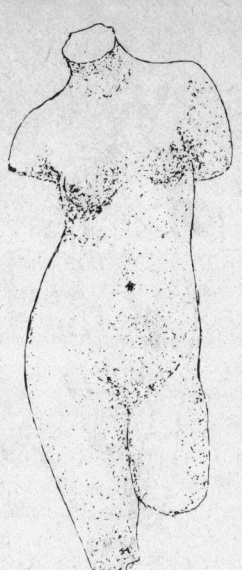

149 *Torso der Aphrodite. Feinkörniger Marmor mit hellbeiger Patina. Höhe 35 cm. Frühkaiserzeitlich (1. Jh. n. Chr.). Alexandrinische Arbeit. Die Haltung und Proportion geht zurück auf die knidische Aphrodite des Praxiteles. Stützenrest am Oberschenkel (hier nicht sichtbar). Auktion Münzen und Medaillen AG, Basel, 51, März 1975 (Sfr. 21000,—).*

breiteter und beliebter Typ und geht auf ein griechisches Vorbild des 4. Jahrhunderts v. Chr. zurück; jedenfalls ist der Fundort vieler Objekte nicht identisch mit dem der Herstellung. Allerlei, was dem Massenbedarf in den Provinzen diente, wurde lokal von nichtklassisch trainierten Handwerkern hergestellt. Die kaiserzeitliche Marmorstatuette der Venus ist gleichfalls eine alexandrinische Arbeit (Abb. 149).

Bei jeder Statuette erhebt sich die Frage nach der Zeit ihres Entstehens und der ja meist vorhandenen Beziehung zu einem griechischen Vorbild. Der Begriff »Kopie«, der in Verbindung mit römischer Plastik gebräuchlich ist, bedarf der Erläuterung. Man muß Wiederholungen, die in der klassisch-griechischen Epoche gemacht wurden, von römischen Kopien unterscheiden. Während der sog. Kopistenzeit von 150 v. bis 300 n. Chr. wurden griechische Originale zwischen 700 bis 100 v. Chr. nachgeahmt, aber nicht abgegossen. Wenn es sich schließlich um en masse hergestellte billige Serienarbeit nach einem weit zurückliegenden griechischen Typ handelt, wird man kaum noch von Kopie reden können, obwohl auch diese Produkte etwas von der ursprünglichen Idee zum Ausdruck bringen mögen.

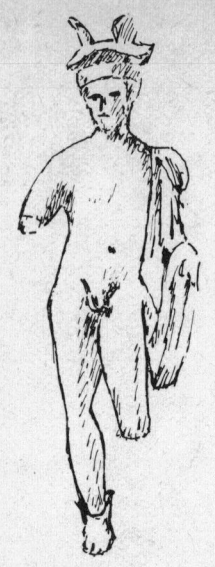

150 *Merkur. Bronze, Vollguß. Höhe 13,4 cm. Römische Kaiserzeit, 1.—2. Jh. n. Chr. Die Füße stecken in geflügelten Sandalen; auf dem Kopf sitzt der Petasos mit großen hochgestellten Flügeln. Die rechte Hand hielt eine Geldbörse, die linke den Caduceus. Wohl aus einem Lararium. Gehört zu einer Reihe von Merkurdarstellungen, die auf ein Original des Polyklet zurückgeführt werden.*
Aus Auktion 34, Münzen und Medaillen AG, Basel, Mai 1967 (Sfr. 3200,—).

In einer größeren Sammlung von Statuetten römischer Gottheiten werden sich im allgemeinen einige römisch-hellenistische Arbeiten finden, deren Qualität als hervorragend zu bezeichnen ist; weiterhin gute bis sehr gute römische Arbeiten; dazu kommen aber auch viele mittelmäßige. Die Werkstätten in den Provinzen haben auch gute Arbeiten geliefert. Für Votivzwecke besonders im 3. Jahrhundert n. Chr. wurden serienmäßig primitive Figürchen roh in der Form gegossen und nachträglich mit der Feile bearbeitet.

Der individuelle Marktwert dieser so unterschiedlichen Stücke, die ja alle im Handel vorkommen, ist natürlich am größten bei den hochqualifizierten römisch-hellenistischen Arbeiten. Interessant erscheint uns aber jeder Typ in der Sammlung. Ohne Zweifel gibt erst die Gesamtheit der aus verschiedenen Teilen des Reiches stammenden, einen weiten Zeitraum umfassenden Idole ein Bild der Spannweite des römischen Kulturbereichs, seiner gesellschaftlichen Zusammensetzung und der Unterschiede im Kunstgeschmack. Neben hellenistisch-römischen Arbeiten, die noch die Feinheit und Fülle der griechischen Gedankenwelt und ihre Formgebung aufweisen, dominiert in anderen

allein die robuste Muskelkraft, die die griechische Form gewissermaßen aufhebt.

Statuetten aus dem Lararium eines reichen Hauses des 1. Jahrhunderts n. Chr. in Boscoreale bei Pompeji sind etwas anderes als die roh
gegossenen, die Form nur andeutenden, kleinen Figuren des 3. Jahrhunderts n. Chr. Vom ursprünglichen griechischen Thema, das seine
höchste Vollendung im Hermes des Praxiteles findet, führt die Abwer-
tung stufenweise (Abb. 150) bis zuletzt zu den eben erwähnten in
Mengen hergestellten Figürchen (Abb. 151). Hier ist ein unteres Niveau
der Form erreicht, das sich auch bei anderen figuralen Darstellungen
zeigt. Offenbar waren die Ansprüche oder die Mittel der Auftraggeber

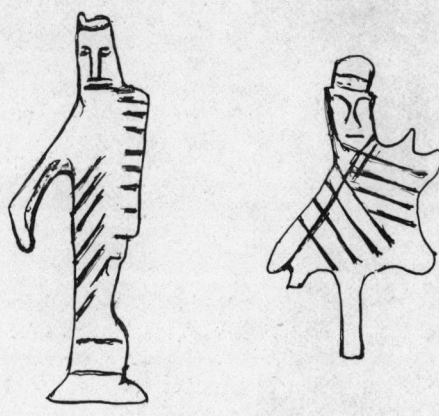

151 *Merkurfigürchen. Bronze. Römisch. 3. Jh. n. Chr. Höhe 4,1 cm. Breite 3,5 cm.*

für derartige Figuren sehr gering. Als Zeugen der Zeit und Kultur sind
diese bescheidenen Formen für den Sammler von Interesse, wenn sie
auch kaum noch, wie in dem abgebildeten Stück, eine Vorstellung geben davon, wie der Hermes (Merkur) des Polyklet ausgesehen haben
mag, und auch keine humane Botschaft mehr überbringen, wie die in
Olympia gefundene Statue des Praxiteles. Wir wissen nicht, wie das
Gebet beschaffen war, das man an die ungeschickten kleinen Idole
richtete.

152 *Männerkopf. Bronze.*
Vollguß. Höhe 3,1 cm.
Römisch, ca. 320 n. Chr.

153 *Derselbe Kopf wie*
Abb. 152 von vorne.

Seit dem 2. Jahrhundert v. Chr. war es in Rom üblich, von den Verstorbenen Masken in Wachs abzunehmen. Der Wunsch, die individuelle Erscheinung des Toten für die Familie, Freunde und die Nachwelt zu bewahren, führte zur Kunst der realistischen wandgebundenen Porträtbüsten in Stein. Der römische Sinn für Geschichte, im individuellen wie im allgemeinen, findet in ihnen seinen besten, schöpferischen Ausdruck, abgesehen von der Reliefplastik. Rom machte hier aus der hellenistischen Tradition das Beste.

Die lange Reihe der Römerköpfe umfaßt alle Typen: Kleinbürger, Soldaten, Staatsmänner, Beamte und Herrscher. Diese wurden dargestellt oder stellten sich vor, wie sie sein wollten: streng und pflichtbewußt, triumphierend oder vom Gottesgnadentum erfüllt. Die Porträts zeigen uns, wie der Römer war: willenskräftig, sachlich, rechtschaffenselbstzufrieden, aber auch rücksichtslos; oft auch gefühlskalt, verschlagen, brutal. Das Lächeln ist selten auf diesen Gesichtern. Die lebensgroßen Porträtbüsten standen einst mit der Rückseite gegen die Wand, an der Grabstätte, im Hause oder in öffentlichen Lokalitäten. Anfangs arbeiteten griechische Künstler für die römischen Auftraggeber. In der späteren Porträtkunst fällt auf, daß sich die privaten Darstellungen sehr nach dem vom Kaiser und seiner Familie gesetzten Vorbild richteten.

Porträthafte Wiedergaben sind in der Kleinkunst selten. Bei einem winzigen Bronzekopf vom Anfang des 4. Jahrhunderts n. Chr. (Abb. 152, 153) ist die dargestellte Person recht charaktervoll erfaßt. Wir begegnen fast der gleichen Haartracht bei der ins Visionäre gesteigerten berühmten Porphyrbüste des Kaisers Licinius (vor 324 n. Chr.), die aus Athribis im Nildelta stammt und sich in Kairo befindet. In beiden Fällen sind die Einzelheiten von Haar und Bart mittels Ziselierung erarbeitet.

Relief

Auf römischen Marmorsarkophagen speziell des 3. Jahrhunderts n. Chr. finden sich dionysische Szenen, angeregt durch die damals in Rom sich ausbreitenden Mysterienkulte. Rom war von der Romantik der ägyptischen, iranischen und syrischen Kulte eingenommen, die zur gleichen Zeit wie das Christentum gediehen. Die Lebensbedingungen waren für viele bedrückender denn je geworden. Man hatte das Gefühl, vergeblich geboren zu sein. Die Kulte versprachen den enttäuschten

154   Teilbild eines römischen Sarkophags mit Dionysos, den vier Jahreszeiten und Begleit-
figuren. Ausschnitt Frühling und Sommer. Römisch, 220—230 n. Chr. Metropolitan
Museum of Art, New York.
   Die Darstellung des Dionysos mit der ihm untergebenen Schar von Satyrn und Mänaden
auf einem römischen Sarkophag des 3. Jh. n. Chr. folgt einer alten Tradition. Seit dem
frühen 6. Jh. v. Chr. wurden Kratere, die zum Mischen von Wein und Wasser dienten, in
ähnlicher Weise dekoriert. Dionysos und seine Begleiter waren das Symbol der mystischen
Hoffnung für den Griechen auf Wiedergeburt in einen ›ewigen Rausch‹ des Glücks. Es gibt
zahlreiche Varianten des Themas.

Menschen eine bessere zukünftige Form der Existenz, oder zogen sie
aus der Depression, auf orgiastische Weise.
   Abbildung 154 zeigt einen kleinen Ausschnitt aus einer Bacchischen
Kultszene mit den Allegorien des Frühling und Sommer in der Mitte,
in Begleitung von Eroten und Tieren. Von einem Sarkophag muß auch

155 *Kopf eines Eroten oder kleinen Satyrs von einem Sarkophag. Marmor. Höhe 8,5 cm.*
Römisch. Ca. 220 n. Chr. Beispiel des plastischen Stils des 3. Jh.

der einzelne Kopf des kleinen Eroten oder Satyrs stammen (Abb. 155),
der nur 8,5 cm hoch ist. Er ist ein früher Vorläufer unserer Putten,
voller Lebensfreude und bereit, Schabernack zu treiben. Die Modellie-
rung unter starker Zuhilfenahme des Steinbohrers ist für die Zeit
charakteristisch.

156 *Die Doppelnatur des Menschen bleibt für den Künstler ein Thema mit vielen Facetten. Bei diesem in Anatolien gefundenen vorzeitlichen Idol präsentiert sich das Phänomen der Zwei-Einigkeit urhaft, verwurzelt im Unbekannten, aber alles Wesentliche schon ahnen lassend.*
  Harter grauer Stein von tonartiger Konsistenz. Höhe 15,4 cm.

Vor dem Tode verblassen die irdischen Ambitionen, und es scheint, als ob der Römer mit solchen Darstellungen Erleichterung suchte vom Gewicht der Maske, die er vor sich selbst und der Welt trug. In den beschriebenen Szenen suchte er nur das Leben festzuhalten, auf das es letzten Endes allein ankam; der Lebensgedanke sollte die Verstorbenen begleiten — ja, lag nicht eine fromme Hoffnung der Toten selbst darin, ein hier Versäumtes im Jenseits nachzuholen?

Noch ein anderes schien wichtiger als jedes Staatsgeschäft: Der Mensch ist sich der polaren männlich-weiblichen Natur seiner Existenz stets bewußt und hat den Gedanken von Anbeginn im Bilde dargestellt. In den Höhlen der Altsteinzeit erscheint erstmalig die »Heilige Hochzeit«. Wir sehen sie wieder auf sumerischen Stempelsiegeln der Frühzeit. Die Darstellung ist auch hier noch sehr real.

157   *Liebespaar. Bleiplakette aus römischer Zeit. Höhe 8 cm.*

Ein frühes (nicht römisches) Doppelidol aus Stein mag die Idee der Fruchtbarkeit verkörpern und Votivzwecken gedient haben (Abb. 156). Die viel spätere, wohl der römischen Epoche angehörige, gegossene Bleiplakette (Abb. 157) entstammt dem gleichen Gefühlsbereich. Sie stellt ein Liebespaar dar. Die durch das Material bedingte verwaschene Form wirkt eher pathetisch als ungeschickt.

Dekorative Kleinplastik

Von Natur aus ist der Mensch unsicher und auf Vermummung bedacht, und er hat sich von frühester Zeit an existentielle Sicherheits-
vorrichtungen gemacht in Form von *Masken*. Er konnte die Maske zur
Selbstverzauberung, zum Betrug und zum Spiel benutzen. Sie war ein
wichtiges Requisit im griechischen Theater, von religiösen Zeremonien
sich ableitend. Man benutzte sie in den Bockspielen der Dionysien und
in der späteren Tragödie. Die griechische Maske hatte eine große,
trichterförmige Mundöffnung, mittels derer die Stimme einen durch-
dringenden Schall erhielt.

158 *Maske eines Schauspielers. Bronze. Oben Aufhängeöse. Höhe 4,4 cm. Breite 3 cm.*
Römisch.

159 *Kopf einer Bacchantin. Bronze. Möbelbeschlag. Höhe 3,2 cm. Breite 3,8 cm. Römisch.*

Die Römer übernahmen diese Maske. Sie hieß im Lateinischen *persona* (von personare, Hindurchströmen der Stimme). In römischer Zeit verwendete man Masken für Paraden und Turniere. Außerdem gab es kleine Tonmasken, die als Grabbeigaben dienten, auch plastische Gefäße in Maskenform. Bronzemasken kleinen Formats waren ferner sehr beliebt als Anhängsel, als Attaschen an Lampen, Möbelbeschlägen etc.

Die hier abgebildete Miniatur-Maske eines Schauspielers ist fein gearbeitet und besitzt eine Aufhängeöse (Abb. 158). Sie stellt wahrscheinlich einen Gefäßanhänger dar. Die andere kleine Bronzemaske (Abb. 159) stellt eine Bacchantin vor und diente als Möbelbeschlag.

Auch andere Motive wurden an Möbeln verwendet. Weitere Sammelgegenstände sind figurale Bronzegewichte, Bronzeschlüssel und -schlösser.

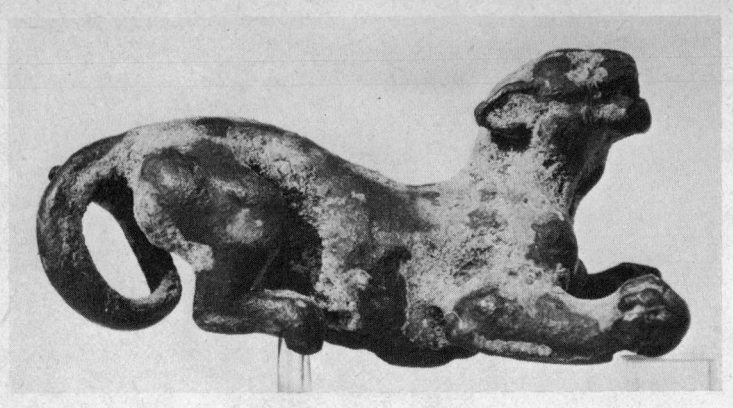

160 *Springender Panther. Bronze. Vollguß. Länge 8 cm. Höhe 4 cm. Fundort Kleinasien.*

161 *Pferd auf profiliertem Sockel. Bronze. Vollguß. Höhe mit Sockel 4,3 cm. Breite 3,7 cm. Römische Kaiserzeit.*

192

Tierdarstellungen

Die Römer haben viele kleine Tierplastiken geschaffen, die meisten in Bronze und Terrakotta, aber auch in Glas und einige in Silber und Bernstein. Auch hier gibt es fein ausgeführte und serienmäßig oder oberflächlich gearbeitete Stücke. Die meisten Tiere sind trefflich beobachtet; manchmal sind sie in lebhafter Bewegung (Abb. 160). Man begegnet: Stier, Widder, Ziegenbock, Schwein, Eber, Pferd (Abb. 161), Hase, Hund, Affe, Löwe, Panther, Kamel, Elefant, Hahn und Henne, Ente, Pfau, Adler, Schlange, Maus, Frosch und Kröte. Tiere wurden gern verwendet als verzierendes Element an Gefäßhenkeln, Gürtelschnallen, Wagenaufsätzen und anderen Gegenständen. Auch Gefäße in Tierform waren beliebt.

Schmuck

Die *Fibel* nimmt von der Bronzezeit (ca. 1300 v. Chr.) bis in das Mittelalter hin eine Zwischenstellung ein. Man kann sie dem Schmuck zurechnen, wenn sie künstlerisch verziert ist, oder als nützliches Kleingerät betrachten, nämlich als eine Sicherheitsnadel, die in einfacher Manier dem Zusammenhalten diente. Fibeln des südlichen (Mittelmeer-)Raums sind von nördlichen zu unterscheiden; die einzelnen Typen ermöglichen chronologische und ethnographische Zuschreibungen. Die funktionelle Veränderung der Fibel ist weitgehend entwicklungsgeschichtlich, ihre künstlerische Ausschmückung oft modebedingt. Die römischen Fibeln zeigen eine beträchtliche Variationsbreite. Die späteren römischen Fibeln haben statt einer Spirale, die die Federung bewirkt, ein Scharnier. Diese sind charakteristisch für die römische Tracht. Die meisten sind aus Bronze, aber es finden sich auch Fibeln aus Silber oder Gold, zum Teil mit Edelsteinen verziert. Fibeln verschiedenster Herkunft und Alters sind im Handel, und oft hat eine typologische Sammlung, unter denen sich künstlerisch bedeutende Formen finden, mit dem Erwerb einer einfachen römischen Scharnier-Fibel aus Bronze ihren Anfang genommen.

Gewandnadeln, Hals-, Arm- und Ohrringe sowie der umfangreiche *Schmuck* aus römischer Zeit dürfen hier kurz erwähnt werden. Römischer Goldschmuck, Perlen aus Glas und Halbedelsteinen u. a. setzen die klassische Tradition fort. Gemmen waren sehr beliebt; die späteren

162 *Bronzeschnalle. Teilweise vergoldet. Länge 7 cm. Fundort Kleinasien.*

Formen sind oft flüchtig gearbeitet, obschon auch dort verschiedene Stilarten vorkommen und von Interesse sind. Der römische Steinschnitt wurde bereits im vorigen Kapitel besprochen.

Besonders interessant für den Sammler sind die Gürtelbeschläge, Schnallen und Riemenzungen aus Bronze, die gleichfalls mit einer langen Tradition aufwarten können. Sie beginnen in der Bronzezeit und reichen bis in die Gegenwart. Auf den älteren finden sich als Dekor neben geometrischen Mustern oft Darstellungen von Tieren; ferner der Lebensbaum und Masken; in spätantiker Zeit erscheinen christliche Motive. Manche Muster sind als apotropäische Symbole oder Schutzmittel zu werten. Oft hoffte der Besitzer mittels ihrer Symbolik in den Genuß vermehrter Lebens- und Widerstandskraft zu kommen. Verschiedene Schichten magischen und religiösen Empfindens können nebeneinander auftreten, wie etwa bei einigen bajuwarischen Riemenzungen des 7. Jahrhunderts n. Chr.

Eine Entwicklung im Süden bietet die hier illustrierte Reihe von Bronzeschnallen: Eine Form mit geometrischem Dekor aus Bronze mit teilweiser Vergoldung hat ein Muster aus konzentrischen Kreisen, das ungefähr einer Maske gleichkommt (Abb. 162). Die drei folgenden Abbildungen (163 A—C) gehören zu einem Fund aus dem syrischen Bereich und dürften spätantik sein. Auf ihnen findet sich eine beschwörende Maske, die durch Umgestaltung zum christlichen Kreuz wird. Bei dem Übergang von Maske zum Kreuz enthüllt sich hier eine eigentümliche Formenmystik, die leicht vollzogen wird, indem einzelne Formelemente entsprechend umgebaut werden. Die genaue Bedeutung entzieht sich uns, aber der Gedanke drängt sich auf, daß die Funktion des Schlosses, »Bindung und Lösung«, hier auf eine religiöse Ebene verschoben wird. Bei den beiden folgenden Bronzeschnallen ist der

Sinn ganz klar. Die erste (Abb. 164 A) stellt ein koptisches Kreuz dar, die zweite (Abb. 164 B) trägt in den der erstbeschriebenen Schnalle entsprechenden Rondellen die Bilder von Christus und zwei Aposteln im Hochschnitt.

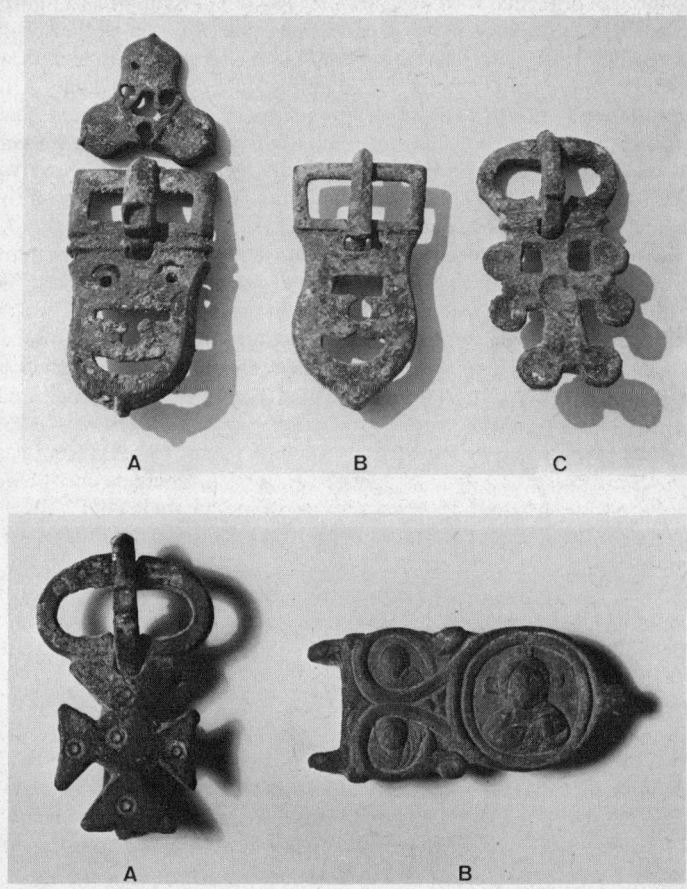

163 A—C   *Oben: Drei Bronzeschnallen. A: 5,7 × 2,9 cm. B: 5,5 cm. C: 5,7 cm lang.*
›Eine Maske wird zum Kreuz‹. Spätantik. Fundort Syrien.

164   *Unten: Zwei Bronzeschnallen. A: 4,3 cm. In Form eines Kreuzes. B: 4,9 cm. Mit Büsten von Christus und zwei Aposteln. Spätantik-frühchristlich. Fundort Syrien.*

Töpferei und Keramik

Was Rom auf diesem Gebiete aufzuweisen hat, ist verhältnismäßig monoton. Vergeblich wird der Sammler Ausschau halten nach figürlichen Kleinplastiken von der Qualität, wie sie aus den archaischen, klassischen und hellenistischen Werkstätten der vorrömischen Jahrhunderte in Mengen bekannt sind. Um nur zu nennen: Mykene, Attika, Böotien, Korinth, Tanagra, Myrina, Zypern, Smyrna, Tarent, Sizilien, Alexandria und Etrurien. Ähnlich wie bei den römischen Statuetten aus Bronze, gibt es provinzielle Darstellungen etwa einer Minverva, einer Venus, eines Merkurs oder Gladiators in Ton, die sehr primitiv, um nicht zu sagen flau, ausfallen (Abb. 165).

Sehr viel bedeutender und reizvoller ist die römische, aus Arretium (Arezzo) stammende »Reliefkeramik« (ca. 40 v. bis 60 n. Chr.). Sie wurde bereits in der zeitgenössischen Literatur erwähnt und wurde nicht nur in Italien, sondern überall nachgeahmt, wohin römischer Einfluß gelangte. Eine arretinische Schale, die zumeist ein Vorbild in

165 *Bewaffneter Gladiator. Terrakotta. Weißer Ton. Höhe 17,2 cm. Ausgrabung des Röm.-Germ. Mus. Köln im Kastell Alteburg.*
Man erkennt gerade noch Helm, Langschild und Schildbuckel und in der rechten Hand ein Kurzschwert.

Metall hatte, wurde in einer Form gepreßt, die innen in Intaglio das auf der Vase erhaben erscheinende Motiv aufwies. Das Motiv mußte natürlich zuerst in die Form gedrückt werden, und dies geschah mit Hilfe von Stempeln, die man auf verschiedene Weise kombinierte. Diese Methode ermöglichte beträchtliche Abwechslung beim Endprodukt. Das Prinzip war also das gleiche wie bei der Zusammensetzung von Tanagra-Figuren. Die Motive waren griechischen Vorbildern entlehnt, z. B. geflügelte Genien, Nereiden, Tritonen, Delphine, Kränze und erotische Motive. Die Ware wurde zum Schluß mit einer leuchtend rot-braunen Glasur versehen und vom Meister signiert. Die Stücke erinnern an flache Stuckreliefs und wirken zart dekorativ. In Arretium, später ebenfalls in den Provinzen, wurde auch das feine hochrote tönerne Tafelgeschirr der Kaiserzeit hergestellt, das unter dem Namen *terra sigillata* bekannt ist. (Die Töpfer stempelten ihren Namen in die Ware, daher »sigillata«). Wo Reliefarbeit erscheint, ist sie allerdings weniger fein als bei der Arretinischen Ware. Gallische Imitationen der Arezzo-Ware werden als »Samian Ware« bezeichnet; die Qualität nahm bei der späteren Produktion beträchtlich ab.

Im übrigen mag hier daran erinnert werden, daß diese Reliefkeramik viele Vorläufer und ihren eigentlichen Ursprung in vorgeschichtlicher Zeit hatte. Die Idee, die Handformung mittels Zuhilfenahmen von Stempeln und Matrizen technisch zu bereichern, kam sehr früh und erfuhr im Lauf der Jahrtausende mannigfache Abwandlungen und Applikationen. Nachdem der Mensch die erste, ganz von Vorbildern in der Natur unabhängige Erfindung der Keramik, d. h. das eigentliche Formen in Ton, gemacht hatte, kannte sein Erstaunen über diesen seinen selbständigen Akt keine Grenzen; die ersten Tonplastiken machte er noch vor der Gebrauchskeramik (Jericho), und nicht viel Zeit brauchte zu verstreichen, bevor er mit Eifer daran ging, mit mechanischen Hilfsmitteln, wie Stempeln, Matrizen, Formschüsseln oder Tonschlammverzierungen die Reliefkeramiken zu entwickeln, von denen die römische ein Beispiel ist.

Lampen und Kandelaber

Die älteste uns erhaltene Lampe war Licht- und Bildträger zugleich. Es handelt sich um eine rundliche Sandsteinplatte; auf der Oberseite war sie muldenförmig ausgehöhlt, auf der Unterseite war eine gravierte, sich dem Runde einfügende Zeichnung eines Steinbocks (Abb. 166).

Das unschätzbare Objekt wurde in der Höhle von La Mouthe bei Les Eyzies-de-Tayac entdeckt; ein Jäger, welcher der künstlerisch begabten Cro-Magnon-Rasse angehörte, hat die Lampe vor 30 000—40 000 Jahren gebraucht und in der mit magischen Tierbildern versehenen Höhle zurückgelassen.

166 *Lampe aus Sandstein. Unterseite: Gravierung eines Steinbocks. Aurignacien. Höhle von La Mouthe bei Les-Eyzies-de-Tayak, Dép. Dordogne, Frankreich. Musée Antiquités Nationales, St. Germain-en-Laye.*

In der Lampe hat man Reste von tierischem Fett festgestellt. Ganz ähnliche aus hartem Stein hergestellte einseitig ausgehöhlte Lampen hat man bei prähistorischen Eskimokulturen gefunden. Die Grundform der Lampe ist seit Anbeginn die gleiche geblieben. Die Griechen und die Römer hatten sie. Die Entwicklung der mit Öl und Docht versehenen Lampe vom einfachen Gebrauchsgerät zum Kunstobjekt läßt sich vor allem im Mittelmeergebiet und den angrenzenden Regionen seit ca. 1000 v. Chr. lückenlos bis in die Zeit der Byzantiner verfolgen.

Die kleinen antiken transportablen Öllampen sind sehr interessante und nur selten kostspielige Sammelobjekte. Da jedes Haus mindestens eine Lampe besaß — viele dienten als Weihegaben oder wurden den Toten mitgegeben —, sind unzählige erhalten. Einfache Tonlampen werden gelegentlich schon um DM 30,— bis DM 40,— angeboten. Für schön verzierte römische Bildlampen in tadelloser Erhaltung wurden vor einigen Jahren (1969) im Schweizer Kunsthandel von Sfr. 250,— bis Sfr. 500,— verlangt. Dem Material, der Form und dem Dekor nach sind sie sehr verschieden. Wie bei der Gefäßkeramik sind die verwendeten Tonarten ungleich; es gibt sehr dünne, auch sehr feine, auch aus terra sigillata gemachte, darunter.

Neben den Öllampen aus Ton sind aus Bronze hergestellte von Sammlern gesucht. Sie sind weniger häufig und im Preis höher. Bronzelampen sind meist anspruchsvoller in der Aufmachung und leiten zu Kerzenleuchtern und größeren Kandelabern über. Ferner gibt es Lampen aus Glas.

Der älteste »offene« Tonlampentyp war eine einfache Schale oder ein Napf, der am Rand ein-, manchmal auch mehrere Male, eingedrückt war, um in dieser Weise eine Tülle für den Docht zu bieten. Derartige offene Lampen finden sich als Erzeugnis lokaler Töpferei im Nahen Osten bereits im 10. bis 9. Jahrhundert v. Chr., etwa in Israel. Der Typ ist für Griechenland um das 4. Jahrhundert v. Chr. nachgewiesen. Im Verlauf der Entwicklung schloß man die Lampe durch einen Deckel oder »Spiegel«, der in der Regel zwei Öffnungen besaß, eine zum Einfüllen; die zweite für den Docht, der aus einer für die Datierung wichtigen charakteristisch geformten »Schnauze« herausragte (Abb. 167). Der Lampenkörper, bestehend aus Spiegel und Schulter, blieb entweder unverziert, oder man brachte geometrische Muster, Symbole und bildliche Darstellungen darauf an. In klassischer Zeit ist das Bemühen unverkennbar, die kleine, bescheidene Tonlampe künstlerisch zu einem Gegenstand der Poesie zu machen. Den Römern des 1.—3. Jahr-

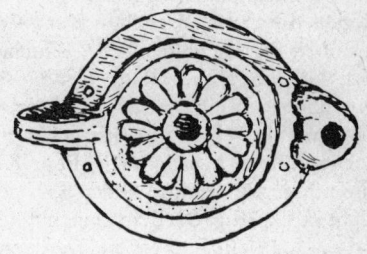

167 *Römische Bildlampe mit herz-*
förmig gerundeter Schnauze. Länge
9,5 cm. Breite 6,8 cm. Höhe 4,4 cm.
Gerillter Henkel. Standplatte mit
Fußstempel. Luftloch im Spiegel.
Darauf vielblättrige Rosette.
2. Jh. n. Chr.
  Münzen und Medaillen AG, Basel.
Mai 1969. (Sfr. 350,—.)

hunderts n. Chr. gab der verhältnismäßig große Spiegel ihrer Lampen die Möglichkeit, jedes nur erdenkbare Bildthema darauf anzubringen. Die Darstellungen auf Vasen und Münzen bringen uns das griechische Leben nahe. Die römischen Lampenspiegel sind ein getreues Spiegelbild der römischen Welt während der kaiserlichen Ära. Die Bilder erzählen von öffentlichen Veranstaltungen, vom Theater und Kriegsereignissen, von Kulthandlungen und Erotik, von der Arena mit ihren Tier- und Gladiatorenkämpfen und von der Jagd. Mythologische Ereignisse, Götter, Genien, Heroen und Fabeltiere erscheinen auf dem Spiegel. Gegenstände des täglichen Lebens, Objekte aus der Tier- und Pflanzenwelt, Eichenkränze, Himmelskörper, Segelschiffe, vieles, was sich im häuslichen Leben, in der Stadt und auf dem Lande abspielt, sind darauf dargestellt. Auch Glückwünsche und Dedikationen finden sich auf Lampen, die man zu Geschenken verwendete. Auf alexandrinischen Lampen sieht man Gottheiten des dort herrschenden Kults, insbesondere Serapis, Isis und Harpokrates.

Gegen Ende des 1. Jahrhunderts n. Chr. wurde der Bedarf für Lampen derartig groß, daß einige Hersteller zu fabrikmäßigen Produktionsmethoden griffen und ihre Namen auf dem Lampenboden einstempelten. Diese sog. »Firmalampen« sind in der Regel einfach in der Form, oder sie zeigen lediglich eine Maske auf dem Spiegel. Außerdem gab es Lampen mit mehreren (bis zu sieben) Brennern, während andere, plastischen Gefäßen ähnelnd, die Form von menschlichen Füßen, Adlern, Tauben, einer auf dem Rücken liegende Ziege oder eines hokkenden Affen hatten. Derartig komplizierte Lampen wurden auch in *Bronze* ausgeführt. Diese Übersicht ist noch in keiner Weise erschöpfend.

Einfache *Bronzelampen* kosteten 1969 in der Schweiz Sfr. 350,— bis Sfr. 800,—. Ein römischer Bronzekandelaber der Kaiserzeit, 1. bis 2. Jahrhundert n. Chr., 116,5 cm hoch mit ionischem Kapitell und aus Tiermäulern entspringenden Füßen, erzielte hingegen auf einer Auktion in Basel (Münzen und Medaillen A. G. Dez. 1969) Sfr. 6100,—. Bereits die Etrusker stellten *Kandelaber*, d. h. hochschaftige Ständer, die oben Kerzen trugen, bzw. Räucherschalen, vor den Grabkammern auf. Auf den Kandelabern des 5.—3. Jahrhunderts v. Chr. befanden sich oben, zuweilen auch unten, reizende Statuetten, die zum Besten der etruskischen Kleinkunst gehören.

Die Römer übernahmen diese Kandelaberformen. Beliebt waren außerdem die weniger hohen Lampenständer aus Bronze. Sie waren recht kostspielig. Bei dem abgebildeten Exemplar (Abb. 168) lehnt sich ein Silen an ein Bäumchen. Der sich gabelnde Stamm trägt Tabletts

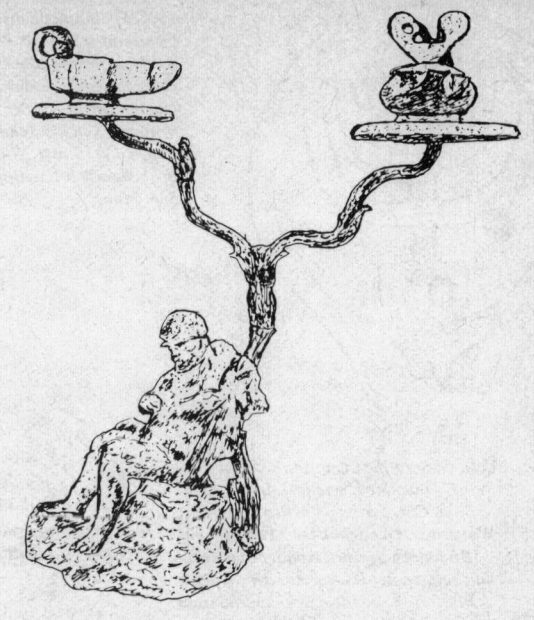

168 *Zweiarmiger Lampenständer. Bronze. Höhe 32 cm. Breite 43 cm. Römisch. 1. Jh.*
n. Chr. Ein bärtiger Silen sitzt gegen einen Baum gelehnt, über dem linken Arm ein Tuch.
Oben zwei Tabletts mit Öllampen. Museo Nazionale, Neapel.

mit Öllampen. Dies ist nur ein Beispiel vieler ähnlicher Erzeugnisse,
bei denen des Guten zuviel getan wurde. Hier steht die organische
Wuchsform des Baumes in keiner Beziehung zur Begleitfigur und den
eigenwillig placierten Öllampen, die ja eigentlich nichts als leuchten
wollen. Der Eindruck ist uneinheitlich, die Form ist überentwickelt, im
Gegensatz zu dem römischen Gladiator in Ton, der mehr einem
Monolithen ähnelt als einer menschlichen Figur (vgl. Abb. 165).

In den Provinzen, in Ägypten, Syrien und Palästina wurden kleine
Tonlampen von einheimischen Töpfern in großen Mengen nach frem-
dem Vorbild hergestellt. In Israel zeigen die Lampen zuerst griechischen Einfluß, später römischen. Die Menorah, der siebenarmige
Leuchter der Stiftshütte, erscheint auf Lampen nicht vor dem 3. bis

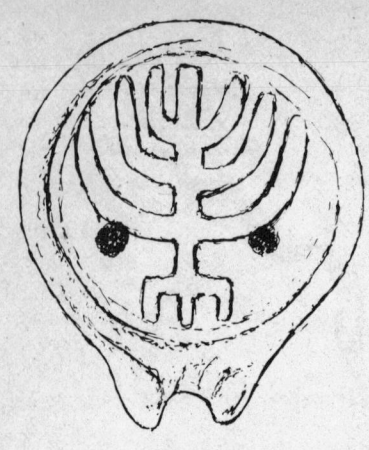

169 *Spätantike jüdische Lampe.*
Gebrannter Ton. 10 × 8 cm.
4. Jh. n. Chr. Auf dem Spiegel
Darstellung des siebenarmigen
Leuchters auf 3 Füßen (Menorah).
Vorderer Teil der Schnauze
beschädigt. Staatl. Museen Berlin.
Frühchristlich-byzantinische
Sammlung.

170 *Spätantike Lampe mit Zapfengriff.*
Ton ohne Überzug. Länge 4,7 cm.
6. Jh. n. Chr. Syrisch. Um das Einfülloch
Wulstrand. Der Schulterwulst ist um das
Brennloch geführt. Runder Standring
und eingetiefter Boden. Auf der Schulter
Blattranke, auf dem Schnauzenansatz
Kreuz.
Münzen und Medaillen AG, Basel.
Nov. 1971. (Sfr. 180,—.)

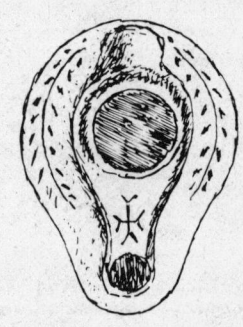

171 *Spätantike frühchrist-*
liche Lampe. Äußerst hart
gebrannter sandfarbener Ton.
Durchmesser 11 cm.
5.—6. Jh. Fundort Syrien.
Griechische Inschrift:
›Möge der Segen der Gottes-
mutter mit uns sein. Signatur
des Johannes.‹ Dahinter
Kreuz. Unterseite konisch
mit Wellenliniendekor,
Standfläche mit konzentri-
schen Kreisen. Eine leichte
Schwärzung nahe der Öffnung
für den Docht zeugt vom
ehemaligen Gebrauch der
Lampe.

4. Jahrhundert n. Chr. (Abb. 169). Die feineren Exemplare stammen aus jüdischen Werkstätten, gröber gearbeitete aus Alexandria. Aus dem 4. Jahrhundert n. Chr. stammen auch Bronzelampen mit der Menorah sowie solche, die christliche Symbole tragen. Spätantike Tonlampen römischen Stils (4.—6. Jahrhundert n. Chr.) weisen vielfach auf der Schulter ein umlaufendes Muster von alternierenden Symbolen auf. In den letzten Jahren sind aus syrischen Nekropolen in größerer Zahl christliche Lampen in den Handel gekommen. Sie tragen einfache Symbole: Kreuz (Abb. 170), Lebensbaum und, seltener, Inschriften in griechischer Sprache (Abb. 171).

Eine kleine Gruppe von Tonlampen ägyptisch-koptischer Herkunft haben einen Frosch oder eine Kröte auf der Oberseite. Diese Froschlampen sind besonders interessant, da sich ganze Reihen zunehmender Abstraktion bzw. Schematisierung der anfänglich noch naturalistischen Froschfigur vorfinden. Am Ende der Abstraktion oder Geometrisierung läßt sich das Ausgangsmotiv kaum noch erkennen.

Am Ende leuchtete die Lampe ...

Griechenland, vor der Plünderung, leuchtete. Die unvergleichliche Landschaft und die Kunstwerke darin standen in hellem Licht. Zwischen Ost und West stand im Zenith der Sonnenwagen und leuchtete.

Es gab eine griechische Weise, Dinge zu tun, und danach eine römische, die einer anderen, robusteren Gesinnung entsprang. Für den Griechen waren gute Manieren, humane Handlungsweise, ästhetische Sensibilität und ein Bemühen um Trefflichkeit untrennbar verbunden und unumgängliche Voraussetzung von Menschenwürde und vernünftigem Handeln. Wenn der Römer geraubtes Kunstgut im Triumphzug zeigte, so sagte er damit, daß ihm der Sieg wichtiger war als die Kultur. Der Römer war klug genug, das Einmalige der griechischen Art anzuerkennen; bei den blutigen Spielen in der Arena, die die Athener nicht in ihrer Stadt zuließen, vergaß er sein Vorbild. Der Grieche glaubte an Götter, mehr noch aber an die Fähigkeit des Menschen, sich mit dem Schicksal arrangieren zu können. Der Grieche glaubte an den Menschen, der Römer an die Macht. Dem Griechen erschien Mäßigung in allen Dingen und ein von der Vernunft gesteuertes Menschentum das Wünschenswerteste. Der klassischen plastischen Kunst ist die Exaltation fremd. Maß in allen Dingen war der Griechen aufgeklärte Art, religiös zu sein.

Für die Römer hatte Religion, im Gegensatz zu den Griechen, die Aufgabe, moralistischen und puritanischen Prinzipien zu dienen. Das war nicht sehr poetisch, auch nicht gerade künstlerisch, vielleicht nicht einmal intelligent. Ein Soldat fragt im allgemeinen nicht; er hat harte Arbeit auf dem Schlachtfeld oder am Limes zu verrichten. Erst allmählich, wenn die Dinge nicht so gehen, wie sie sollen; wenn Anerkennung und Gerechtigkeit ausbleiben, erscheint ihm etwas in der Struktur des Ganzen fehlerhaft, und es kommen ihm Zweifel an der Fähigkeit und Aufrichtigkeit seiner Führer. Als die Römer, und die, die Römer geworden waren, an der oberen Weltführung zu zweifeln begannen, wichen sie aus in fremde Doktrinen und Kulte aus Ägypten, Syrien, Persien und Kleinasien. Neben den verschiedenen, mit diesen Religionen verbundenen Mysterien boten sich den Erlösungsbedürftigen Magie und Astrologie an. Welch ein Wandel für die sachlich veranlagten Römer, die gewohnt waren, die Tragfähigkeit einer Religion oder eines metaphysischen Systems nach ihren praktischen Resultaten zu werten! Es begann ein Wettlauf seitens der Priester der verschiedenen okkulten Religionen und von Scharlatanen um die Seele der zutiefst beunruhigten und enttäuschten Menschen. Schon zu lange hatte der Großteil der Römer, ob sie nun stammesgemäß sich so nennen konnten oder assimiliert wurden, nur nach Unterhaltung verlangt und nach einem intellektuellen Kompromiß mit Mittelmäßigkeit, die den Menschen von allem Göttlichen gebührend distanziert hält. Die Form des Paktes, die Rom am Ende mit der christlichen Gotteslehre, die die Oberhand gewann, schloß, war wiederum, wie sich später zeigte, ein Sieg römischer Mittelmäßigkeit, ein Kompromiß.

Dank seiner großzügigen und zentral geleiteten Politik war es Rom gelungen, heterogene Völker in einem Weltreich zu vereinigen. Was Alexander der Große in idealem Ansturm begonnen hatte, führte Rom mit Geschick und systematisch durch. Man kann nicht behaupten, daß Rom sich seiner Ziele nicht bewußt war und daß seine kulturelle Mission und die Vorzüge seiner gesellschaftlichen Konzeption die Welt nicht verändert haben.

Wir sind die Erben zweier klassischer Zivilisationen, der griechischen und der römischen. Man sollte meinen, daß die griechische Art, Dinge zu tun, dem reinen Menschentum und dem Ideal der Lebensvollkommenheit näherkommt als die römische und daher noch immer das Übergewicht hat. Wissen wir aber, vom Überangebot verwirrt, welches Ziel wir anstreben? Menschen haben immer nur drei Möglichkeiten gehabt: sich einer Aufgabe zu widmen, sich der Hoffnung auf ein Wunder hinzugeben oder über die Frage nach dem »Woher und Wohin« nachzudenken. Sie können dies alles in friedlicher Weise tun, oder aber auf jedem Weg die Nerven verlieren. Vor eine Wahl gestellt, würde es erscheinen, als ob, verglichen mit der Grelle der thermonuklearen Explosion, das schwache Licht der römischen Tonlampe vorzuziehen wäre. Ihr beständiges Leuchten richtet seine leise Frage an die Stille. Nicht an die Stille, die einer von Menschenhand ausgelösten Katastrophe folgt ...

Ein Sammelnder, dem das atomisierende Tempo der Zeit mißfällt und der nach der Lampe sucht, wird kaum Mühe haben, ein hübsches Exemplar zu finden. Gebrannter Ton ist außerordentlich dauerhaft und kann viel Unbill überleben; das erscheint recht tröstlich. Denn noch nie haben denkende Wesen Möglichkeiten der Zerstörung in solchem Ausmaße erwogen wie heutzutage und sich zeitlebens mit dem Gedanken daran herumgeschlagen. Wer so leichtsinnig zerstört, der zerstört absolut und hoffnungslos. Er hat nicht im entferntesten begriffen, daß der Mensch, wie jegliche Kreatur, durch das Leben selbst eine göttliche Ordnung preist, deren Struktur allerdings schwer begreiflich ist. Ohne den Glauben an diese Ordnung fiele ja jegliche Existenz in sich zusammen. Einer, der zerstört, ist der Anti-Künstler par excellence, denn er schlägt allen denen ins Gesicht, für die das Leben ein beständiges, nie auszuschöpfendes Wunder ist, das sich erfüllen will und mit dessen empfindlicher Organisation man behutsam umgehen sollte.

Bequemeren und umfassenderen Zugang zu allem, was die Freude am Leben erhöht, hat es niemals gegeben. Der Sammler sucht bei seinen vollkommenen Objekten Zuflucht vor einer beunruhigenden Wirklichkeit. Der Bibliophile, der Glyptophile, der Numismatiker — sie verstehen einander gut. Wir wissen nicht, wann Menschen zum erstenmal das Gefühl befiel, in einen falschen Zug eingestiegen zu sein, und wann die Fehlentwicklung begann, die das Bessere als utopisch betrachtet. Die natürliche Welt liegt zweifellos im argen. Der Grieche fand in dieser Tatsache keinen Grund, sie durch menschliches Zutun noch schlimmer zu gestalten.

Die Steinpyramide, die Götterburg auf dem Hügel, der Rauchpilz der H-Bombe zeigen in großem Maßstabe die Möglichkeiten, die für die Menschen bestehen, über die Natur hinauszureichen. Der Baum des Paradieses wandelte sich zum Baum der Zivilisation. Verdient er diesen Namen noch, wenn sich nicht mehr erkennen läßt, in welcher Richtung er wächst, ob dem Lichte zu oder in eine Dunkelheit? Wenn er Früchte trägt, die niemandem mehr bekommen? Die Götterlieblinge unter den Dingen, denen es gelang, inmitten turbulenter Ereignisse einen Stern zu fangen, warten geduldig. Sie möchten uns zurückholen in unsere Realität, wo die Vernunft ihrer selbst noch Herr und eine schöne Möglichkeit am Werke ist.

Es läßt sich ja gar nicht ohne sie auskommen. Auch nicht ohne das Sammeln. Und wäre es nur die Tonlampe. Mit etwas Öl und einem Docht kann man sie ohne weiteres in Betrieb setzen. Das kleine Kunstwerk leuchtet sehr friedlich; es hat die Kunst, den Frieden zu halten, schon erlernt. Wenn man aufmerksam schaut, bemerkt man sogar bei der schwachen Beleuchtung eine Gestalt. Ihre Umrisse sind nur schwach zu erkennen; sie lächelt. Wer auf sie zugeht, ahnt fast schon ihr Geheimnis. Über ihren Namen ist nichts Endgültiges bekannt. Man nennt sie Tyche, Fortuna, Nemesis, Allmutter, Göttin des Herdes und der Tiere, Welt. Nennen wir sie Welt, denn sie kommt zu einem jeden in der Gestalt und im Geiste. Ein jedes Leben eignet sich die Welt an, um sie und sich zu erfüllen. Und das geht nicht ohne die kostbare Erfahrung. Und nicht ohne das Staunen und Sammeln und ohne die Ehrfurcht und den Versuch zu verstehen.

Für einen Sammler, der die alten Kunstwerke schön findet und sie besitzen möchte, ist es nicht allzu schwer, sich ein seinen Verhältnissen entsprechendes kleines Privatmuseum einzurichten. Allerdings muß heute bei kleinerem Angebot und wachsender Nachfrage nach qualitätsvollen und ansehnlichen Objekten häufig mit einer größeren Ausgabe gerechnet werden. Eine Sammlung zu formen, erfordert Geduld und Opferbereitschaft. Um so mehr mag einer überrascht sein, wenn ihm ein Sammler-Freund sagt, daß ihn seine Kollektion eigentlich gar nichts gekostet habe. Was meint er nur damit?

In der Welt kommt uns ein jedes Ding, tot oder lebendig, auf seine Art freiwillig entgegen. Es ist ja nicht nur um seiner selbst willen, sondern um seiner Leistung für andere wegen da. Die Begegnung bestätigt uns, und wir suchen sie immer wieder. Es ist Vorrecht des Menschen, bewußt am ökologischen Wunder des Lebens teilzuhaben; seine Pflicht, es zu fördern. Wenn wir uns unser Anrecht auf Leben verstümmeln oder es uns nehmen, dann wird jede Art von Besitz ungut und illusorisch.

Werfen wir aus solcher Sicht heraus noch einmal einen Blick auf unsere Sammlung, diesmal nicht mit der Absicht, einen zeit- oder konjunkturabhängigen Wert zu ermitteln. Sie erscheint uns in einem ganz anderen Lichte. Es ist leicht zu sehen, daß sie unersetzlich ist und daß sich immaterielle Werte nicht in Zahlen erfassen lassen. Unsere

liebevoll gehegten Raritäten sind Dinge, welche Menschen im Hoch-
gefühl des Lebens geschaffen haben, und sie wollen dementsprechend
beurteilt werden. Sie haben vor den meisten von uns etwas voraus: Sie
wissen um die Kunst, in der Fülle zufrieden zu sein mit dem Funken
Unsterblichkeit, der ihnen gewährt ist und mit dem sie selber zu
zünden vermögen. Für den Sammler sind sie Erlebnis, das mehr als
einen Schatten umfaßt. Und das Erlebnis ist frei für alle.

ANHANG

Literaturhinweise

Allgemeines

Archaeologia Mundi: 20 Bände, die Antike Kultur betreffend. Nagel Verlag, München—Genf—Paris

Haeckel, E.: Kunstformen der Natur, 1904. Engl. Neudruck: Art Forms in Nature. Dover Publ., New York 1974

Lexikon der Antike Bd. I und II: dtv-Taschenbuch 3077/8, München 1970

Lexikon der Archäologie Bd. I und II: Rowohlt Taschenbuch 6187/8, Hamburg 1975

Liebmann, H.: Tierbronzen aus dem vorchristlichen Mittelmeerraum. Kat. Staatl. Kunstsammlungen Kassel, Kassel 1971

Linton, R.: The tree of culture. New York 1955

Lommel, A.: Motiv und Variation. München 1962

Paul, E.: Die falsche Göttin. Geschichte der Antikenfälschung. Heidelberg 1962

Vorgeschichte

Dannheimer, H.: Prähistorische Staatssammlung München, München—Zürich 1976

Eggers, Will, Joffroy, Holmquist: Kelten und Germanen in heidnischer Zeit. Baden-Baden 1964

Fischer Weltgeschichte Bd. I: Vorgeschichte. Fischer Bücherei, Frankfurt 1966

Giedion, S.: Ewige Gegenwart. Köln 1962

Hoernes, M., Menghin, O.: Urgeschichte der bildenden Kunst in Europa. Wien 1925

Jelinek, J.: Das große Bilderlexikon des Menschen in der Vorzeit. Gütersloh—Berlin—München—Wien 1973

Kühn, H.: Die Kunst Alteuropas. Stuttgart 1954

Mellaart, J.: Çatal Hüyük. Stadt aus der Steinzeit. Bergisch-Gladbach 1967

Thimme, Aström, Lillu, Wiesner: Frühe Randkulturen des Mittelmeerraumes. Baden-Baden 1968

Torbrügge, W.: Europäische Vorzeit. Baden-Baden 1968

Vorderasien

Akurgal, E.: Die Kunst der Hethiter. München 1961

Frankfort, N.: The Art and Architecture of the Ancient Orient. Baltimore 1955

Girshman, R.: Iran (Protoiranier, Meder, Achämeniden). München 1964

—: Iran (Parther und Sassaniden). München 1962

Katz, K. K., Kahane P. P., Broshi, M.: Von Anbeginn. Vier Jahrtausende Heiliges Land. Hamburg 1968

Moortgat, A.: Die Kunst des Alten Mesopotamien. Köln 1967

Parrot, A.: Sumer. München 1962

—: Assur. München 1961

—: Sumer/Assur. Ergänzungen 1969, München 1970

Porada, E.: Alt-Iran. Baden-Baden 1962

Woolley, L.: Mesopotamien und Vorderasien. Die Kunst des Mittleren Ostens. Baden-Baden 1961

Steppenkunst

Artamonow, M.: Goldschatz der Skythen. Prag 1970

Jettmar, K.: Die frühen Steppenvölker. Baden-Baden 1964

Metropolitan Museum of Art, New York: From the Lands of the Scythians. Ausstellungskatalog 1975

Ägypten

Ägyptische Sammlung des Bayerischen Staates, München: Ausstellungskatalog 1966

Aubert, J.-F. und Aubert, L.: Statuettes egyptiennes, Chaouabtis, Ouchabtis. Librairie d'Amerique et Orient, Paris 1975

Desroches-Noblecourt, Ch.: Tut-ench-Amun. Berlin—Frankfurt—Wien 1963

Emery, W. B.: Ägypten, Geschichte und Kultur der Frühzeit 3200 bis 2800 v. Chr. München 1964

Fechheimer, H.: Kleinplastik der Ägypter. Berlin 1922

Haus der Kunst, München: Ausstellungskatalog Nofretete-Echnaton. München 1976

Kayser, H.: Ägyptisches Kunsthandwerk. Braunschweig 1969

Krug, A.: Kat. Ägyptische Kleinkunst. Staatl. Kunstsammlungen Kassel, Kassel 1971

Petrie, W. M. Flinders: Amulets, ill. by the Egyptian Coll. in Univ. College, London, London 1914

Steindorff, G.: Cat. Egyptian Sculpture Walters Art Gallery, Baltimore 1946

Griechenland und Rom

Buschor, E.: Griechische Vasen. München 1969

Dannheimer, H. und Frick, R.: Fundort Bayern. München—Zürich 1968

Emmerich, A. u. Cahn, H. A.: Early Art in Greece. Cycladic, Minoan, Mycenian and Geometric periods 3000—700 B.C. Ausstell.-Kat. Andre Emmerich Gallery, New York 1965

Franke, P. R.: Die griechische Münze. München 1964

Jenkins, G. K. und Küthmann, H.: Münzen der Griechen. München 1972

Kellner, H.-J.: Die Römer in Bayern. 2. Aufl. München 1972

La Baume, P.: Römisches Kunstgewerbe zwischen Christi Geburt und 400. Braunschweig 1964

Lane, A.: Greek Pottery. New York 1949

Marinatos, S.: Kreta und das mykenische Hellas. München 1959

Ohly, D.: Die Antikensammlungen am Königsplatz in München. Museums-Kat., 3. Aufl., Waldsassen

Popović, Lj. B. und andere: Greek, Roman and Early Christian Bronzes in Yugoslavia. National Museum Beograd, Belgrad 1969

Poulsen, V.: Catalogue des Terres Cuites Grecques et Romaines. Publ. Glyptotheque ny Carlsberg Nr. 2, Kopenhagen 1949

Richter, G. M. A.: The sculpture and sculptors of the Greeks. New Haven 1929

—: Archaic Greek Art. New York 1949

Schweitzer, B.: Die geometrische Kunst Griechenlands. Köln 1969

Seltman, Ch.: Approach to Greek Art. London 1948

Sutherland, C. H. V.: Münzen der Römer. München 1973

Veličković, M.: Petits bronzes figurés Romains au Musée National. Musée National Beograd, Belgrad 1972

Webster, T. B. L.: Greek Terrakottas. Penguin Books Harmondsworth 1950

—: Hellenismus, Baden-Baden 1966

Zschietzschmann, W.: Kunst der Etrusker, Römische Kunst. Frankfurt—Berlin 1963

Siegel und Gemmen

Antike Gemmen in deutschen Sammlungen. 3 Bände, Prestel Verlag, München

Babelon, E.: Cat. des Camées Antiques et Modernes. 2 Bände, Paris 1897

Boardman, J.: Greek Gems and Fingerrings. Early Bronze Age to Late Classical. London 1970

Buchanan, Briggs: Cat. of Ancient Near Eastern Seals in the Ashmolean Museum, Oxford 1966

Furtwängler, A.: Die Antiken Gemmen. 3 Bände Amsterdam 1964

Göbel, R.: Der sassanidische Siegelkanon. Braunschweig 1975

Homès-Fredericq, D.: Les cachets mésopotamiens protohistoriques. Leiden 1970

Moortgat, A.: Vorderasiatische Rollsiegel. 1940. Neudruck 1966

Ohly, D.: Griechische Gemmen. Inselbuch

Porada, E.: Mesopotamian Art in Cylinder Seals of the Pierpont Morgan Library. New York 1947

Vinchon, J.: Kataloge von Auktionen im Hotel Drouot, Paris

Wiseman, D. J.: Cylinder Seals of Western Asia. Batchworth Press London

Zazoff, P.: Kat. Antike Gemmen. Staatl. Kunstsammlungen Kassel, Kassel 1969

Schmuck

Greifenhagen, A.: Schmuck der Alten Welt. Berlin 1974

Hoffmann, H. und Claer, V. von: Antiker Gold- und Silberschmuck. Kat. Museum Kunst und Gewerbe. Hamburg, Mainz 1968

Hoffmann, H. und Davidson, P. F.: Greek Gold. Ausstellungskat., Boston 1966

Siviero, R.: Jewelry and Amber of Italy (A collection in the Nat. Museum of Naples). New York 1959

Antikes Glas

Corning Museum of Glass: Glass from the Ancient World. Ausstellungskat. Corning Glass Center, Corning New York 1959

Dolz, R.: Gläser. Heyne Buch Nr. 4370, München, 4. Aufl. 1975

Kämpfer, F.: Viertausend Jahre Glas. München—Dresden 1966

Kisa, A.: Das Glas im Altertum. 3 Bände. Leipzig 1908

Spartz, E.: Antike Gläser. Kat. Staatl. Kunstsammlungen Kassel, Kassel 1967

Allgemeines Register

(Seitenzahlen)

Register der Abbildungen

(Nummern)

Bildnachweis

Soweit möglich, sind bei den vom Verfasser gefertigten Zeichnungen die Quellen, bzw. Eigentümer angegeben. Die Lichtbilder wurden mit Ausnahme der Abbildungen Nr. 57, 66, 74, 104, 106, 125, 126, 136, 137, 143, 144, 145 und 164 von Herrn S. Hödl, München, aufgenommen.

Frankfurter Allgemeine

ZEITUNG FÜR DEUTSCHLAND

mit der Rubrik

”Kunsthandel · Antiquitäten”

an jedem Samstag im Feuilleton
der große Markt für
Kunsthändler und Kunstsammler

Antiquitäten

Die preiswerteste Möglichkeit für den Antiquitäten-sammler und -liebhaber, sich über Stilrichtungen, Quali-täts- und Preismerkmale eingehend zu informieren. Jeder Band dieser bemerkenswerten Taschenbuch-reihe ist reichhaltig illustriert.

Georg Schindler:
Antiquitäten – Uhren
4448 / DM 5,80

Karl-Ferdinand Schädler:
**Antiquitäten –
Afrikanische Kunst**
4454 / DM 7,80

Udo Knispel:
Antiquitäten – Gewehre
4463 / DM 5,80

Walter Grasser:
**Antiquitäten
als Kapitalanlage**
4467 / DM 6,80

Lydia Dewiel:
**Antiquitäten – Deutsche
Möbel des Barock und
Rokoko**
4469 / DM 5,80

Aichele/Nagel:
Antiquitäten – Netsuke
4474 / DM 4,80

Albrecht Bangert:
Antiquitäten – Gründerzeit
4479 / DM 5,80

Walter Grasser:
**Antiquitäten – Münzen des
Mittelalters und der Neuzeit**
4485 / DM 5,80

Walter Spiegel
**Antiquitäten –
Böhmische Gläser**
4492 / DM 6,80

Lydia Dewiel
Antiquitäten – Schmuck
4501 / DM 5,80

Renate Dolz
Antiquitäten – Hausrat
4507 / DM 5,80

Preisänderungen vorbehalten

WILHELM HEYNE VERLAG MÜNCHEN

HEYNE STILKUNDE

■

Diese neue beispiellose Taschenbuch-
reihe – eine vielbändige, enzyklopädisch
angelegte Edition – wird herausgegeben
vom früheren Chefredakteur des „Kind-
lers Malerei-Lexikon" Dr. Rolf Linnenkamp; die Autoren sind international
anerkannte Kunsthistoriker. Jeder Band
hat einen Umfang von ca. 200–250 Seiten mit rund 100 Illustrationen, davon
16 Seiten farbig. Jeden Monat erscheint
ein neuer Band.

Oswald Hederer
KLASSIZISMUS

Rudolf Bachleitner
DIE NAZARENER

Oswald Hederer
Klassizismus
Band 4491/DM 6,80

Reinhard Müller-Mehlis
Die Kunst im Dritten Reich
Band 4496/DM 6,80

Hartmut Biermann
Renaissance
Band 4500/DM 6,80

Rudolf Bachleitner
Die Nazarener
Band 4504/DM 6,80

Rolf Linnenkamp
Gründerzeit
Band 4505/DM 6,80

Günter Drebusch
Industrie-Architektur
Band 4511/DM 6,80

Die Reihe wird fortgesetzt

Hartmut Biermann
RENAISSANCE

Reinhard Müller-Mehlis
**DIE KUNST
IM DRITTEN
REICH**

Wilhelm Heyne Verlag
Türkenstraße 5–7, 8000 München 2

1024 Seiten, über 10 000 Stichwörter, 1000 Abbildungen: alle Daten und Fakten der Geschichte in einem anspruchsvollen drei- bändigen Lexikon

Heyne Lexika 4481
3 Bände in einer
Heyne-Taschenbuch-
kassette / DM 29,40

Heyne
Lexika